＼認知症のある人への／

経済支援まるわかりガイドブック

編著 竹本与志人・杉山 京・木村亜紀子

中央法規

はじめに

認知症のある人の支援に関するさまざまな事例を拝見しますと、その背景には必ずといってよいほど経済問題が内在しています。経済問題は突然生じることはなく、時間経過を経て深化していきますので、経済問題が“種”の段階（初期段階）、あるいは“発芽”から“大木”へと成長していく段階で、生活が破綻しないよう積極的な経済的支援が必要です。しかし、深刻な状態になるまで経済的支援が行われていない、あるいは十分に支援がされていない事例や、事例を担当する段階ですでに経済問題が深刻な状態である事例があまりにも多く見受けられます。経済問題は認知症のある人たちからの発信は困難なことが多いため、支援者側から動的にアプローチしていくことが必要です。

さまざまな専門職の養成教育・講座などでは、経済問題化した段階、あるいはその先の生活困窮化した段階での支援として生活保護や成年後見制度などの活用が示されています。もちろん、これらの制度活用は最後のセーフティネットとして大変重要です。しかし、それ以前に支援可能な手立ては多くあります。それが社会保障制度です。

本書では、経済問題を「必要な医療や介護サービスを受けることができない状態」と定義しました。そして、まずは現存する制度をフル活用することができることを目的に、制度の概要（第２章）に加え、制度活用が容易になるよう事例を手掛かりに解説しました（第３章）。

本書の活用により、必要量の医療や介護サービスを受けられない認知症のある人や家族が少なくなること、住み慣れた地域で安心した生活を送ることができること、そして彼らの生活を積極的に支える専門職が増加することを切に願っています。認知症のある人への支援にかかわるすべての専門職、認知症のある人や家族、彼らを支えるさまざまな人々のための道標になりますと幸いです。

編著者代表　竹本与志人

目次

はじめに……i

目次……ii

図表索引……vi

第1章
認知症のある人の経済状況と経済的課題……001

第1節 認知症のある人の経済状況……002

第2節 認知症のある人の経済的課題……004

COLUMN 1 介護殺人・介護心中の状況……006

第2章
認知症のある人の経済支援のための社会保障制度……011

第1節 医療や介護サービスに関する基本的な社会保障制度……012

1 医療保険制度……013

2 介護保険制度……020

3 障害福祉サービス……029

COLUMN 2 医療保険と介護保険の適用関係（訪問看護）……034

第2節 医療費の自己負担、介護保険サービス利用料の軽減に向けた社会保障制度……037

1 自立支援医療制度（精神通院医療）……038

2 特定医療費（指定難病）助成制度……041

3 障害者手帳……047

4 生活保護制度……053

5 境界層該当（介護保険制度）……056

6 障害者ホームヘルプサービス利用者に対する支援措置事業……060

7 社会福祉法人等による生計困難者等に対する介護保険サービスに係る利用者負担額軽減制度事業……062

COLUMN 3 介護保険サービスと障害福祉サービスの適用関係……065

第3節 収入源の確保のための社会保障制度……067

1 傷病手当金（医療保険）……068

2 障害年金……071

3 雇用保険……076

4 特別障害者手当……081

5 国民年金保険料における免除制度……085

6 年金生活者支援給付金制度……088

7 その他の収入源の確保に有用な制度……091

COLUMN 4 介護離職による経済困窮を回避するために ── 介護休業制度 ──……092

第3章
事例に基づいた認知症のある人の社会保障制度活用のポイント……095

はじめに……096

第1節 初期の認知症のある人の事例……097

CASE1
脳梗塞による身体の障害に加え血管性認知症を生じた事例……098

CASE2
アルツハイマー型認知症と診断され抗認知症薬を服用しながら通院する事例……104

CASE3
レビー小体型認知症のため、身体的な介護も必要であるが
経済面の不安から孫が介護を担っている事例……110

CASE4
一家に要介護認定を受けた人が複数おり
生活困窮が進行している事例……116

CASE5
初期のアルツハイマー型認知症と診断され、
糖尿病のインスリン注射が1人でできなくなった事例……122

CASE6
血液透析療法のため通院していた患者が
認知症を発症した事例……128

CASE7
産業医からの指示により受診した結果
若年性認知症と診断され、休職となった事例……134

CASE8
急な認知機能低下を発症し、
治療可能な正常圧水頭症の治療を拒否する事例……140

CASE9
介護者が軽度認知障害となり、
夫婦2人の介護が必要となった事例……145

第2節　中等度の認知症のある人の事例……151

CASE10
若年性認知症と診断され、てんかんの併発により
自宅での介護が難しくなってきた事例……152

CASE11
前頭側頭型認知症と診断され、
行動障害により入院が必要となった事例……157

CASE12
夫の介護をしていたが、本人も認知症を発症し、
介護困難となった事例……163

CASE13
妄想のような発言や幻覚、幻視が出現し、
アルツハイマー型認知症と診断された事例……169

CASE14
障害福祉サービス利用者が65歳になり、
介護保険制度に移行し、認知症を併発した事例……175

第3節　重度の認知症のある人の事例……181

CASE15
経済的理由から受診を中断し、
認知症の進行により常時介護となるとともに、
同居の息子がひきこもり状態の事例……182

CASE16
介護者の発病により、在宅介護が困難となった事例……187

CASE17
過度の物品購入により借金がかさみ、
介護保険サービスの利用料の支払いが
困難になっている事例……192

CASE18
クロイツフェルト・ヤコブ病の発症により進行が早く、
受け入れ医療機関の確保に難渋している事例……198

CASE19
アルツハイマー型認知症の進行に伴い老々介護に直面し、
在宅生活が困難となった事例……204

CASE20
息子の介護休業終了後の介護やサービス利用料の負担に
不安を抱える事例……209

あとがき……215

索引……216

図表索引

第1章 認知症のある人の経済状況と経済的課題

第2節 認知症のある人の経済的課題

図表 1-1 認知症のある人の経済状況が悪化するプロセス……005
図表 1-2 経済問題と孤立の関係……005
図表 1-3 高齢者の介護殺人・介護心中に関する過去 10 年間の推移……008
図表 1-4 被害者の介護サービスの利用状況……008
図表 1-5 介護殺人・介護心中が起こる主な要因……009
図表 1-6 ある介護心中の事例において関わりのあった人・機関……009

第2章 認知症のある人の経済支援のための社会保障制度

第1節 医療や介護サービスに関する基本的な社会保障制度

図表 2-1 医療保険制度の種類と概要……017
図表 2-2 医療保険制度で給付される主な医療サービス……017
図表 2-3 医療費の自己負担割合……018
図表 2-4 入院時食事療養費・入院時生活療養費による食費と居住費の自己負担……018
図表 2-5 高額療養費の所得区分と自己負担上限額……019
図表 2-6 介護保険の保険料とその納付方法（2024 年 4 月～）……024
図表 2-7 特定疾病……025
図表 2-8 要介護認定等を受けるためのプロセス……025
図表 2-9 要支援・要介護認定の区分とその状態像……026
図表 2-10 介護保険に基づく主な介護サービス……026
図表 2-11 介護サービスの利用に伴う自己負担割合……027
図表 2-12 高額介護サービス費の区分と適用基準額（上限額）……027
図表 2-13 高額医療・高額介護合算制度の区分と適用基準額（上限額）……028
図表 2-14 介護保険負担限度額認定による食費と居住費の自己負担限度額（1 日あたり）……028
図表 2-15 障害福祉サービス等の体系（介護給付・訓練等給付）……032
図表 2-16 障害福祉サービスの利用者負担（上限月額）……033

図表 2-17　新高額障害福祉サービス等給付費の受給要件……033
図表 2-18　「特掲診療料の施設基準等」の別表第 7 に掲げる疾病等……035
図表 2-19　GAF（機能の全体的評定）尺度……036
図表 2-20　「特掲診療料の施設基準等」の別表第 8 に掲げる状態……036

第 2 節　医療費の自己負担、
介護保険サービス利用料の軽減に向けた社会保障制度

図表 2-21　自立支援医療制度（精神通院医療）の対象となる精神疾患……040
図表 2-22　自立支援医療制度（精神通院医療）の負担上限額について……040
図表 2-23　指定難病一覧（341 疾病）……043
図表 2-24　特定医療費（指定難病）助成対象となる介護保険サービス……046
図表 2-25　特定医療費（指定難病）助成制度の
自己負担上限額（月額）……046
図表 2-26　障害者手帳の種類……049
図表 2-27　認知症の場合の精神障害者保健福祉手帳の該当の目安……050
図表 2-28　血管性認知症（脳血管障害）の場合の
身体障害者手帳の該当の目安……051
図表 2-29　障害者の税金控除の例……052
図表 2-30　障害者医療費助成制度の例……052
図表 2-31　最低生活費の計算方法……055
図表 2-32　生活保護制度の 8 つの扶助……055
図表 2-33　介護保険法に基づく境界層該当措置の優先順位……058
図表 2-34　障害者総合支援法に基づく境界層該当措置の優先順位……059
図表 2-35　障害者ホームヘルプサービス利用者に対する
支援措置事業の対象となる人……061
図表 2-36　社会福祉法人等による生計困難者等に対する
介護保険サービスに係る
利用者負担額軽減制度事業における対象者の要件……064
図表 2-37　社会福祉法人等による生計困難者等に対する
介護保険サービスに係る利用者負担額軽減制度事業における
軽減の対象サービス等……064
図表 2-38　障害福祉サービスの具体的な運用例……066

第 3 節　収入源の確保のための社会保障制度

図表 2-39　待期期間（3 日間）の考え方……070
図表 2-40　支給期間の考え方……070

図表 2-41　障害年金の給付要件……073
図表 2-42　障害認定日と請求時期について……074
図表 2-43　受給できる年金種別と金額（2024 年度）……074
図表 2-44　障害年金の障害認定基準……075
図表 2-45　併給調整……075
図表 2-46　雇用保険（失業等給付）……079
図表 2-47　所定給付日数……080
図表 2-48　介護休業の対象となる家族……080
図表 2-49　「特別児童扶養手当等の支給に関する法律施行令」で示す障害の程度……083
図表 2-50　認知症で身体障害を伴う場合（血管性認知症等）の認定例……084
図表 2-51　認知症で身体障害を伴わない場合（アルツハイマー型認知症等）の認定例……084
図表 2-52　国民年金保険料における申請免除の基準と受給年金への反映（令和 6 年度）……087
図表 2-53　年金生活者支援給付金の種類と受給要件（2024 年 4 月）……090
図表 2-54　その他の収入源の確保に有用な制度……091
図表 2-55　介護休業制度等の概要……093

第1章

認知症のある人の経済状況と経済的課題

第1節

認知症のある人の経済状況

1　わが国における高齢化の状況

厚生労働省が発表した令和4年簡易生命表[1)]によると、わが国の平均寿命は、女性は87.09歳、男性は81.05歳となっており、世界のなかで女性は第1位、男性は第4位となっています。この平均寿命は、2040（令和22）年には女性は89.63歳、男性は83.27歳になると推測され、同年時点における65歳の人の平均余命では女性の2割が100歳まで、男性の約4割が90歳まで生存すると見込まれています[2)]。

このような超高齢社会の進行に伴って、認知症の増加が指摘されています。たとえば、2023（令和5）年に発表されたOECD（経済協力開発機構）の分析[3)]によると、わが国の認知症のある人の数は2040（令和22）年には人口1,000人当たり43.7人になると推計されています。認知症は要介護状態の原因で最も多い疾患のひとつであることから[4)]、認知症の増加は介護ニーズの高い人々の増加につながるため、介護サービスを充実させ、必要のある人に届けることがわが国において大きな課題となっています。

一方、認知症の医療においては、1999（平成11）年のドネペジルの国内承認を皮切りに、2023（令和5）年にはレカネマブが承認されるなど抗認知症薬等の開発が進展してきています。このような状況から考えると、認知症には介護ニーズだけではなく、医療ニーズにも対応した支援策が求められているといえます。

2　認知症のある高齢者の経済状況[5) 6)]

高齢者世帯の平均所得について高橋[7)]は、他の世帯と比べて大きな差がないけれども、所得分布や財産所得には偏りがあり、生活保護受給者が増加している状況などもふまえると“貧困状態にある高齢者は多い”と推測しています。また田中ら[8)]は、高齢者の経済状況を分析した結果、低所得層にある高齢者ほど消費に対する医療費や介護費用の占める割合が高率であったことを指摘しています。さらに、高齢者のいる世帯の27%が実質的には生活保護基準以下の所得で生活しているといった報告[9]もあります。これらの調査研究からいえることは、高齢者は認知症の発症前から経済的に脆弱な生活基盤であるということ、そして認知症の発症によりさまざまなサービスの利用等ができない経済状態になってしまうということです。

3 若年性認知症のある人の経済状況[10]

若年性認知症は、高齢者の認知症に比べて稼働世代の人が多く、家族の生活全般に与える影響が大きい疾患です。新井[11]はアルツハイマー型認知症の場合、生計中心者が発症すると住宅ローンや教育費など経済面への影響が大きいと述べています。また、浦田ら[12]は若年性認知症のある人の家族の体験に関する報告を分析した結果、生計中心者が休職や退職等により経済困窮に陥っていることを明らかにしています。さらに小長谷ら[13]は、若年性認知症コールセンターに寄せられた相談事例を分析した結果、高齢者に比べると若年性認知症の場合は医療機関や制度・サービスの情報提供や就労・経済問題の相談が加わるところに特徴があると述べています。また、全国15府県を対象にした実態調査[14]においても同様の結果が示されており、なかでも経済状況に関しては発症による収入減少が約6割、家計が苦しいと回答した人が約4割を占めていたと報告しています。若年性認知症の特徴は、認知症発症によってそのことが就業に影響を与え、休職や退職等により経済状況が悪化し、家族の生活全体を脅かしていくといったプロセスであるということです。

第2節

認知症のある人の経済的課題

1　わが国の認知症施策

わが国では、このような状況に対応すべくさまざまな認知症施策が講じられてきています。2024（令和6）年1月1日に施行された「共生社会の実現を推進するための認知症基本法」の第3条（基本理念）の第4号には、「認知症の人の意向を十分に尊重しつつ、良質かつ適切な保健医療サービス及び福祉サービスが切れ目なく提供されること」が示されました。認知症のある人が住み慣れた地域で安心した生活を送るには、医療と介護の両方に視点を置き、それぞれのニーズに対応するためのサービスを増加するだけではなく、それらの利用を保障することが重要です。

2　認知症による経済状況への影響

しかしながら、認知症のある人が必要な医療を受け、介護サービスを利用することは容易なことではありません。なぜなら、サービスには自己負担が生じるからです。先行研究によると、高齢者の場合、経済基盤は公的年金を中心としているため、認知症の発症前から生活の基盤が経済的に脆弱であり、認知症の発症によりさまざまなサービスの利用等ができなくなると示されています[15)-20)]。他方、若年者の場合は、認知症発症が就労等に影響を与えることから経済基盤が揺らぎ、そのことから家族の生活全体が脅かされていくと報告されています[21)-23)]。このように高齢者と若年者とでは状況は異なりますが、双方とも経済状況が悪化することは共通しているといえます（図表1-1）。

3　経済状況の悪化により起こる問題

経済状況の悪化（経済問題）は、認知症のある人や家族を孤立させ（図表1-2）、最悪の場合は介護殺人や介護心中に至ることもあります[24)]。それゆえに、悲しい結末にならないよう、認知症と診断された直後から将来の医療・介護量

図表 1-1　認知症のある人の経済状況が悪化するプロセス

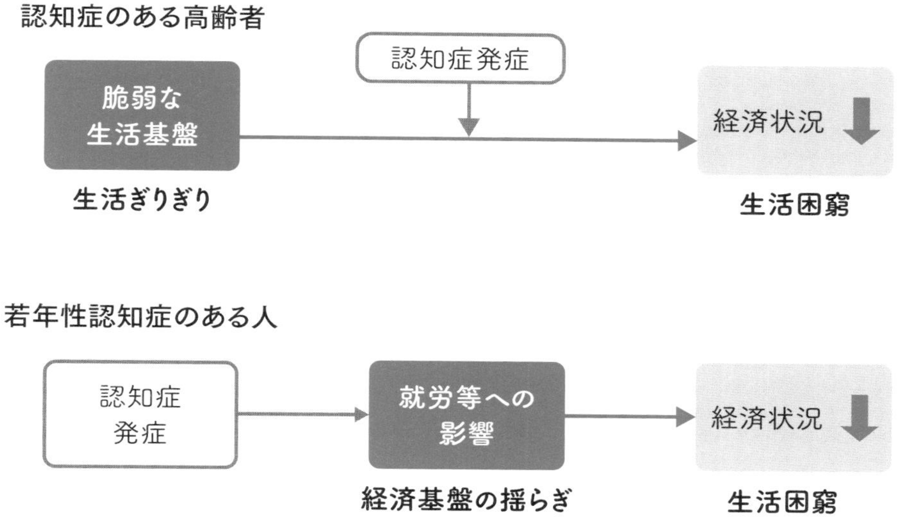

図表 1-2　経済問題と孤立の関係

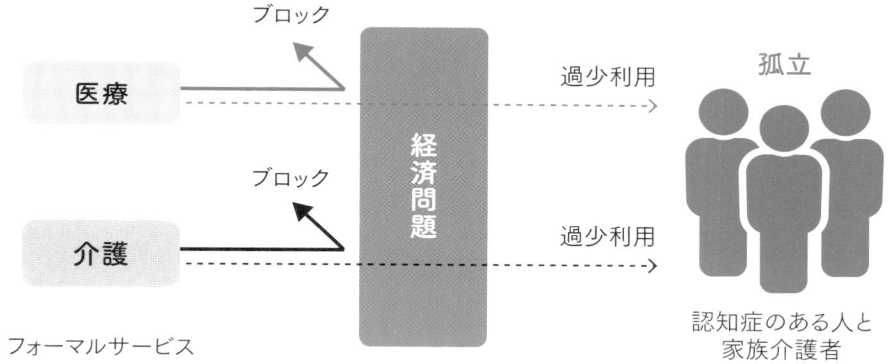

の増加・変化を予測し、継続的に、計画的な評価と支援を行うことが必要です。診断直後からさまざまな専門職が社会保障制度を横断的かつ計画的に活用するための見通しを立て、必要時に活用できるように支援体制を整備していくことは、生活困窮化の予防や遅延、緩和に有効といえます。

しかしながら、私たちの研究チームで行った２つの調査では、深刻な現状が浮き彫りになっています。ひとつは認知症専門医のいる医療機関で鑑別診断を受けた認知症のある人とその家族を対象とした調査です[25)]。この調査では、認知症と診断を受けた人やその家族が、経済的支援をほとんど受けていなかったことが明らかとなっています。もうひとつは、居宅介護支援事業所の介護支援専門員を対象とした調査です[26)]。この調査では、介護支援専門員にとっては経済問題に対する社会保障制度の選定は極めて困難であり、利用者への支援に難渋している現状が明らかとなっています。

4 経済的支援は周囲のサポートが肝心

社会保障制度はさまざまな法制度によって規定されており、それらは広範かつ複雑であり、難解です。そのうえ、経済基盤が揺らいでいる状態では、その人にとって必要な医療や介護の利用は困難です。また、経済的困窮は命にかかわる深刻な問題ですので、周囲が経済的支援をしないという選択肢はないと考えます。認知症のある人にかかわる人々が、認知症のある人や家族の心情を十分に配慮しながら知識や知恵を出し合い、協力し合い、あきらめることなく支援していくことが重要です。

事実、医療や介護の現場では、社会保障制度を活用しても経済状況が軽減・緩和されない認知症のある人が多くいらっしゃいます。しかし、現存する制度ですら上手く活用できていない事例も少なくありません。まずは現存の法制度をフル活用することが必要です。そして、それでも解決が困難な場合には、制度の狭間にいる人たちの支援をどのように行うかといった議論をしていかなければなりません。

COLUMN 1

介護殺人・介護心中の状況

「介護殺人」や「介護心中」は、虐待とは性質が異なると考えられるのですが、統計上は高齢者虐待の一環として調査が行われています。**図表 1-3** から**図表 1-6** は、介護殺人・介護心中に関する国のデータ[27]を基に独自に図示したものです。**図表 1-3** からは、コロナ禍で殺人や心中が若干多くなってきていることがわかります。

過去10年間のデータをさらに詳しく見てみると、まず被害者の性別は女性が68%を占めており、被害者の年齢は75歳以上の後期高齢者が76%を占めています。そして加害者の性別は男性が70%を占めており、続柄は息子が最も多く48%を占めています。これらのデータから、高齢の母を息子が介護している事例が多いだろうと考えられます。

図表 1-4 は、被害者が介護サービスをどの程度利用していたかを示したものですが、「過去に利用していたけれども事件時点では利用していな

かった」事例が9%、「介護サービスを利用した経験もなかった」事例が48%を占めています。この2つを併せると約6割を占めます。「介護サービスを受けていた人」（39%）についても過少利用している可能性もあったのではないかと思われます。つまり、閉鎖された環境下で家族による過酷な介護が行われていたのではないかと推測できます。

図表1-5は、介護殺人・介護心中に関する事例等から、これらが起こる主な要因を抽出したものになります。第一に、認知症であるということです。認知症は要介護につながる疾患であり、症状の進行により重介護になるからです。第二に、経済問題です。高齢者の主たる収入源が公的年金であることと同時に介護者の介護離職によって収入減が起こるからです。第三に、援助要請の低さです。特に男性の場合は援助要請をあまりしない傾向があります。第四に、法の縦割り構造です。行政機関などは法に基づく役割・機能以外は積極的に援助の手を差し伸べにくいという性質があります。そして第五に、傍観者効果です。これは事情を知っている、観ている人が多いほど援助が抑制されるという社会現象です。

以上の5つがリスク要因といえますが、このなかで経済問題は大きな影響力を持つといえます。そして経済問題は傍観者効果によって、深刻さが増していくことも事例等から読み取ることができました。たとえば、ある介護心中の事例では、認知症の進行により多くの介護サービスが必要にもかかわらず、かかわっている人たちが多くいても、誰も支援の手を差し伸べていませんでした（**図表1-6**）。これは支援者による「ネグレクト」といわざるを得ません。このような現状を認識することで傍観者効果は打破できるといわれています。支援者は、「見て見ぬふりをしない」「誰かがやってくれるなんて思わない」「自分ではどうしようもできないと思わない」という信念を常に持ち続けて、傍観者効果を起こさせないことが大事であるといえます。

図表 1-3　高齢者の介護殺人・介護心中に関する過去 10 年間の推移

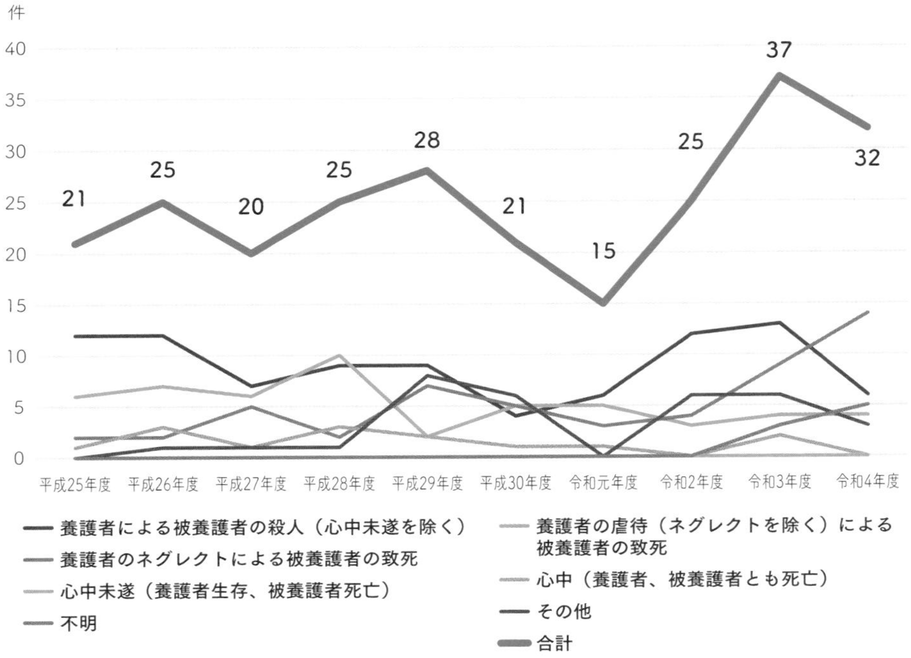

図表 1-4　被害者の介護サービスの利用状況

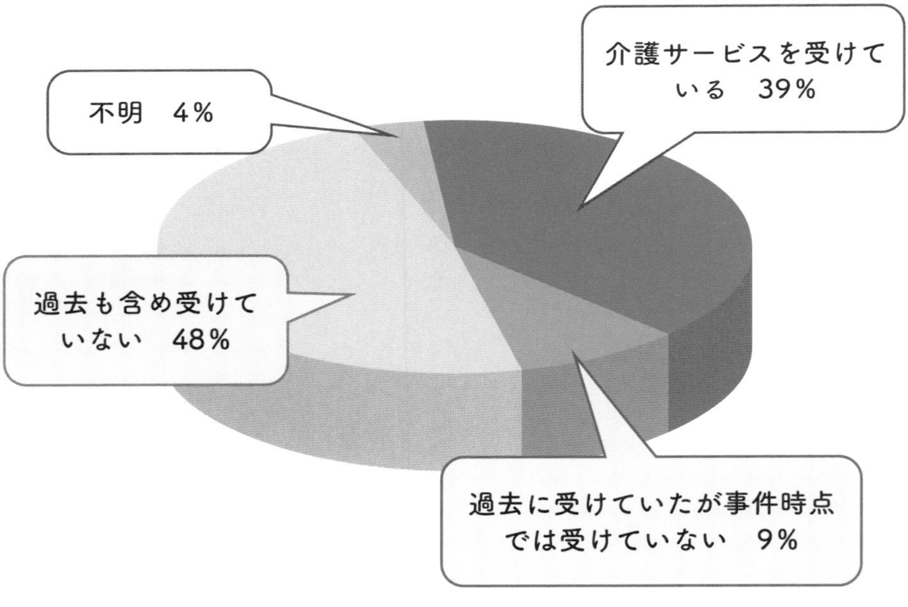

図表 1-5　介護殺人・介護心中が起こる主な要因

認知症	・要介護につながる疾患 ・進行する
経済問題	・高齢者の主たる収入源は公的年金 ・介護離職による収入減
援助要請 ⬇	・男性介護者は援助要請をあまりしない傾向がある
法の縦割り	・行政機関などは法に基づく役割・機能以外は援助の手を差し伸べにくい（申請主義含む）
傍観者効果	・事情を知っている（観ている）人が多いほど、援助が抑制される

図表 1-6　ある介護心中の事例において関わりのあった人・機関

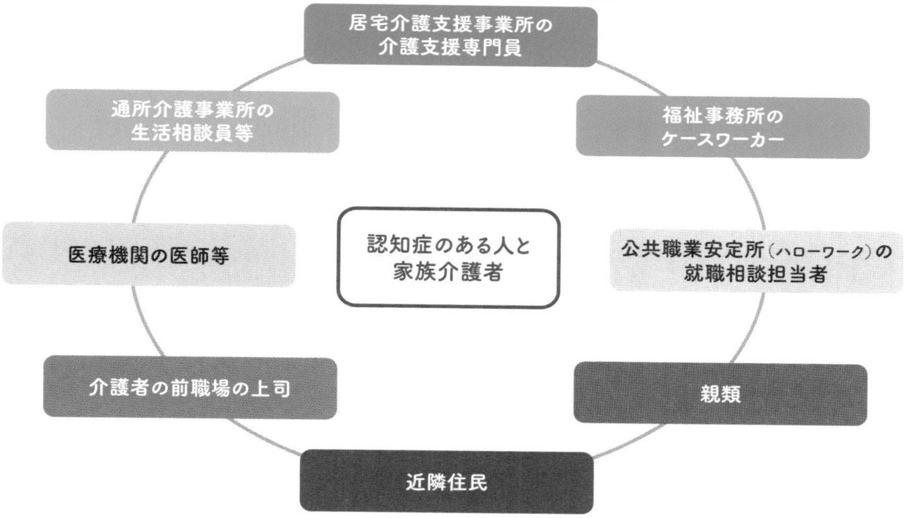

第1章　引用・参考文献

1）厚生労働省『令和4年簡易生命表の概況』pp.2-5，2023.
2）厚生労働省『令和2年版厚生労働白書――令和時代の社会保障と働き方を考える』pp.13-22，2020.
3）OECD, *Health at a Glance 2023*, Figure 10.8: "Estimated prevalence of dementia, 2011, 2021 and 2040", 2023.
4）厚生労働省『2022（令和4）年 国民生活基礎調査の概況』p.23，2023.
5）竹本与志人『認知症のある人への経済的支援――介護支援専門員への期待』法律文化社，pp.3-5，2022.

6) 竹本与志人「認知症のある高齢者と家族介護者の負の転帰を回避するための福祉的アプローチ――認知症の診断後からの社会保障制度の活用」『日本認知症ケア学会誌』日本認知症ケア学会，22（3）：524-530，2023.
7) 高橋秀人「高齢者の貧困問題について」『日本老年医学会雑誌』日本老年医学会，54（1）：28-34，2017.
8) 田中聡一郎・四方理人・駒村康平「高齢者の税・社会保障負担の分析――『全国消費実態調査』の個票データを用いて」『フィナンシャル・レビュー』財務省財務総合政策研究所，115：117-133，2013.
9) 唐鎌直義「増え続ける貧困高齢者とその対策」『実験医学・増刊――総力戦で挑む老化・寿命研究』羊土社，35（20）：3519-3524，2017.
10) 竹本与志人・杉山京・倉本亜優未「若年性認知症者の経済状況に応じた介護支援専門員の社会保障制度の選定能力」『厚生の指標』厚生労働統計協会，68（12）：9-17，2021.
11) 新井平伊「若年性認知症とは？」『精神科治療学』星和書店，25（10）：1277-128，2010.
12) 浦田姫佳・安武綾「若年性認知症家族のステージごとの体験――2000年以降のわが国の質的研究報告の知見から」『日本認知症ケア学会誌』日本認知症ケア学会，18（3）：697-706，2019.
13) 小長谷陽子・鈴木亮子「若年性認知症電話相談の実態――若年性認知症コールセンター2年間の相談解析から」『厚生の指標』厚生労働統計協会，61（12）：36-42，2014.
14) 小長谷陽子・渡邉智之「全国15府県における若年性認知症者とその家族の生活実態」『日本認知症学会誌』日本認知症学会，30（3）：394-404，2016.
15) 高橋秀人「高齢者の貧困問題について」『日本老年医学会雑誌』日本老年医学会，54（1）：28-34，2017.
16) 田中聡一郎・四方理人・駒村康平「高齢者の税・社会保障負担の分析――『全国消費実態調査』の個票データを用いて」『フィナンシャル・レビュー』財務省財務総合政策研究所，115：117-133，2013.
17) 唐鎌直義「増え続ける貧困高齢者とその対策」『実験医学・増刊――総力戦で挑む老化・寿命研究』羊土社，35（20）：3519-3524，2017.
18) 杉澤秀博・深谷太郎・杉原陽子・石川久展・中谷陽明・金恵京「介護保険制度下における在宅介護サービスの過少利用の要因」『日本公衆衛生雑誌』日本公衆衛生学会，49（5）：425-436，2002.
19) 本田亜起子・片平伸子・別所遊子・太田貞司「介護支援専門員からみた経済的問題による高齢者の介護保険サービス利用の手控え――手控えの状況およびその影響と支援」『日本地域看護学会誌』日本地域看護学会，15（1）：61-70，2012.
20) 竹本与志人『認知症のある人への経済的支援――介護支援専門員への期待』法律文化社，pp.40-59，2022.
21) 浦田姫佳・安武綾「若年性認知症家族のステージごとの体験――2000年以降のわが国の質的研究報告の知見から」『日本認知症ケア学会誌』日本認知症ケア学会，18（3）：697-706，2019.
22) 小長谷陽子・鈴木亮子「若年性認知症電話相談の実態――若年性認知症コールセンター2年間の相談解析から」『厚生の指標』厚生労働統計協会，61（12）：36-42，2014.
23) 小長谷陽子・渡邉智之「全国15府県における若年性認知症者とその家族の生活実態」『日本認知症学会誌』日本認知症学会，30（3）：394-404，2016.
24) 竹本与志人「認知症のある高齢者と家族介護者の負の転帰を回避するための福祉的アプローチ――認知症の診断後からの社会保障制度の活用」『日本認知症ケア学会誌』日本認知症ケア学会，22（3）：524-530，2023.
25) 竹本与志人＝編著『認知症が疑われる人に対する鑑別診断前後の受診・受療援助の実践モデルに関する研究』大学教育出版，pp.139-163，2023.
26) 竹本与志人『認知症のある人への経済的支援――介護支援専門員への期待』法律文化社，pp.74-99，2022.
27) 厚生労働省『「高齢者虐待の防止、高齢者の養護者に対する支援等に関する法律」に基づく対応状況等に関する調査』平成25年度～令和4年度.

第 2 章

認知症のある人の経済支援のための社会保障制度

第1節

医療や介護サービスに関する基本的な社会保障制度

この節では、医療や介護サービスに関する基本的な社会保障制度として、医療保険制度と介護保険制度の概要について紹介します。

わが国では、1961（昭和36）年に国民皆保険となり、国民は何らかの医療保険に加入することとなっています。医療保険と一口にいってもいくつかの種類があり、職業や年齢、障害の程度により加入する医療保険が異なっています。また、認知症を発症し、進行していくなかで心身の状態や生活状況などは次第に変化していきますが、その変化にしたがって加入する医療保険が変わる場合があります。そのため、さまざまな種類の医療保険の知識を知っておくことが必要です。ここでは、①どのような種類の医療保険があるのか、②保険料の算出方法はどのようになっているのか、③医療機関を受診した際に支払う自己負担割合はどれくらいなのか、④医療費が多くかかった時にはどうすればよいかなどについて説明します。

一方、介護保険制度は2000（平成12）年に創設された、認知症のある人など介護を必要とする人の生活を支える社会保険方式の制度です。ここでは、①介護保険制度の保険料は誰が負担するのか、②その算定方法や納付方法はどのようになっているのか、③介護保険制度を利用できる人はどのような人なのか、④介護サービスを利用した場合の費用の自己負担割合はどうなっているのか、⑤介護サービスの支払いが多くなった場合にはどうすればよいのかなどについて説明します。介護サービスは、要介護等認定の区分などに応じて利用できる予防給付や介護給付、地域密着型サービスなどといったサービスの内容が異なるため、注意が必要です。また介護保険制度では、年齢が40歳以上64歳以下で医療保険に加入しており、特定疾病により要支援・要介護状態になっている場合はこの制度の対象となります。若年性認知症のある人はこの制度の対象にもなりますので、特定疾病にどのような病気が含まれているかを知っておくことも大事です。

① 医療保険制度

わが国では、すべての国民が必要な医療を受けることができることにより、安心・安全な生活を保障することを目的とした公的医療保険が整備されています。公的医療保険には、「国民健康保険」「被用者保険」「後期高齢者医療制度」の3種類があり、国民一人ひとりが保険料を出し合うことで、実際に医療サービスを受けたときには、医療費の窓口負担を軽減することができる仕組みが設けられています。

また日本の医療保険制度には、「高額療養費制度」などの医療費負担の軽減制度なども設けられています。ここではそれらを含めて医療保険制度の仕組みを紹介します。

1 各医療保険制度の対象

各医療保険制度の対象者と窓口は、図表2-1のとおりです。

国民健康保険

国民健康保険は、都道府県ならびに市区町村が保険者となっている市区町村国民健康保険と、業種（農林水産業者や自営業者など）ごとに組織される国民健康保険組合で構成されており、被用者保険や後期高齢者医療制度に加入していない人を対象としています。窓口は、市区町村および組合事務所です。また日本国籍を有する人に限らず、3か月を超えて日本に在留している外国人も、他の医療保険制度に加入していない場合には加入することが義務づけられています。

被用者保険

被用者保険は、主に大企業の従業員やその扶養家族などが加入する組合管掌健康保険と、主に中小企業の従業員やその扶養家族などが加入する全国健康保険協会管掌健康保険（協会けんぽ）、公務員や教職員およびその扶養家族などが加入する共済組合で構成されています。窓口は、それぞれ健康保険組合、全国健康保険協会都道府県支部、共済組合です。

なお、会社などを退職して被保険者の資格を喪失したときは、健康保険任意継続制度に基づき、個人が希望する場合に最長2年間、退職前の被用者保険を継続することができる場合があります。

後期高齢者医療制度

後期高齢者医療制度は、75歳以上の人および一定の障害があると認定された65歳以上74歳以下の人が加入する医療保険であり、「後期高齢者医療被保険者証」が交付されます。

65歳以上74歳以下の人は、お住まいの市区町村の担当窓口（国民健康保険の担当窓口など）に申請し、後期高齢者医療広域連合が障害基礎年金（1・2級）[p.71]、身体障害者手帳（1・2・3級および4級の一部）[p.47]、精神障害者保健福祉手帳（1・2級）[p.47]、療育手帳（A・重度）に該当するなど、一定の障害があると認定した人が対象となります。

後述の高額療養費制度で示すとおり、65歳以上74歳以下の人が後期高齢者医療制度に加入することで、医療費の自己負担などが低くなる可能性があります（保険料は高くなることもあります）。なお、75歳以上の人は一律75歳の誕生日当日から対象となりますので、申請は不要です。

2 医療保険制度の保険料

医療保険制度の保険料は、加入する保険ごとに算出方法が異なっています（図表2-1）。被用者保険では同じ保険料で扶養家族も加入できることに対して、国民健康保険では世帯の加入者数などに応じて保険料が増加します。

3 医療保険制度で給付される医療サービスと自己負担割合

医療保険制度で給付される医療サービスは現物給付（必要な医療そのものが給付されます）です。療養の給付、入院時食事療養費、入院時生活療養費、訪問看護療養費、高額療養費などがあります（図表2-2）。病院や診療所で診察や検査、投薬、手術、入院などの医療サービス（療養の給付）を受けた場合には、加入する医療保険制度の種類や年齢、収入に応じてかかった費用の1～3割を負担することが必要です（図表2-3）。

なお、被用者保険に加入する65歳以上74歳以下の人は、前期高齢者医療制度の対象となり、そのうち70歳以上の人には「高齢受給者証」が交付されます。

そして、その人が療養の給付を受けるときは、医療機関の窓口で「健康保険証」と「高齢受給者証」を提示することで、所得などの状況に応じて自己負担が1～3割となります。

4 入院時食事療養費・入院時生活療養費

医療保険の被保険者が入院をするときは、医療費の自己負担とは別に「食費」や、療養病床に入院するときには「居住費（水光熱費）」の自己負担が必要です。食費については、医療保険の「入院時食事療養費」の給付により、1食あたり490円（標準負担額）の自己負担となります。ただし、市町村民税非課税世帯の人などについては、「限度額適用・標準負担額減額認定証」の交付を受け、医療機関の窓口に提示することで、食事の自己負担額を軽減することができます（図表2-4）。

また、65歳以上の人が療養病床に入院するとき居住費については「入院時生活療養費」の給付により、1日あたり370円の自己負担となります。ただし、こちらも市町村民税非課税世帯の人などについては「限度額適用・標準負担額減額認定証」を提示することで自己負担額を軽減することが可能です（図表2-4）。

なお、「限度額適用・標準負担額減額認定証」の交付には、加入している医療保険の保険者（図表2-1）に申請することが必要です（図表2-5）。また、入院時食事療養費や入院時生活療養費による自己負担額の軽減は、申請月から適用されますが、過去にさかのぼって申請、払い戻しを受けることができませんので注意が必要です。

5 高額療養費制度

高額療養費とは

同一月内（1日～末日まで）に支払った医療費の自己負担が一定額を超えた場合には、高額療養費制度を利用することで、基準額を超過した金額分について払い戻しを受ける（あるいは、窓口支払いを不要とする）ことができます。また同一月内に複数の医療機関を受診した場合や、世帯内で同じ医療保険に加入している人が支払う自己負担分も合算して、計算することができます。自己負担の上限額は、年齢や所得などによって異なります。加えて過去12か月以内に3

回以上、高額療養費に該当した場合には、多数該当の対象となり、4回目以降の自己負担額が更に軽減されます（図表 2-5）。

高額療養費の申請方法

高額療養費の利用を希望する場合には、加入している医療保険の保険者（図表 2-1）に申請し、市町村民税課税世帯は「限度額適用認定証」、非課税世帯は「限度額適用・標準負担額減額認定証」の交付を受け（図表 2-5）、医療機関の窓口に提示することが必要です。これにより、同一月内にかかった同一医療機関等での医療費の支払いが自己負担上限額までとなります。また複数の医療機関等を受診する場合には、それぞれの医療機関等において自己負担上限額までの支払いが一旦必要となりますが、最終的には同一月内の医療費が合算され、1か月あたりの自己負担上限額を超過した金額分について後日払い戻されます（払い戻しまでには、おおむね3か月以上を要します）。

なお、高額療養費の支給は、診療を受けた月の翌月の初日から2年さかのぼって申請することができます。

70歳以上の人のうち、70歳以上75歳未満での所得区分が「一般」「現役並みⅢ」、後期高齢者医療制度での所得区分が「一般Ⅰ・Ⅱ」「現役並みⅢ」に該当する人には、「限度額適用認定証」は交付されません。医療機関の窓口に、健康保険証と高齢受給者証（あるいは「後期高齢者医療被保険者証」のみ）を提示することで、特別な申請などを必要とせずに、医療費自己負担が上限までとなります。

高額療養費貸付制度の申請方法

高額療養費の申請が遅れ、限度額適用認定証等の交付が間に合わない場合には、「高額療養費貸付制度」を利用することで、高額療養費の支給が完了するまでの間、支給見込み額分の貸付を無利子で受けられることがあります。高額療養費貸付制度の利用を希望する場合には、事前に医療機関に利用の可否を相談した上で、各医療保険の保険者に申請してください。

6　制度利用における注意事項

会社などを退職した場合には、健康保険任意継続制度に基づく被用者保険の継続、もしくは国民健康保険や家族の健康保険の被扶養者への切り替えを行った場合の保険料を比較することで、保険料負担を軽減することができる可能性があります。

限度額適用認定証は、保険者によって呼称が異なります。たとえば、国民健康保険の加入者には「国民健康保険限度額適用認定証」が、全国健康保険協会管掌健康保険の加入者には「健康保険限度額適用認定証」という名称の限度額適用認定証が交付されます。

図表 2-1　医療保険制度の種類と概要

	制度の種類	被保険者（加入者）	保険者	窓口	保険料
国民健康保険	市区町村 国民健康保険	その他の医療保険制度に加入していない人等（生活保護受給者を除く）	都道府県ならびに市区町村	市区町村	各市区町村が定めた所得割、均等割、資産割、平等割の合計
国民健康保険	国民健康保険組合	同業種で組織される国民健康保険組合とその扶養家族等	国民健康保険組合	組合事務所	加入する組合ごとに異なる
被用者保険	組合管掌健康保険	主に大企業の従業員とその扶養家族等	健康保険組合	健康保険組合	被保険者の「標準報酬月額」「標準賞与額」と、加入する健康保険組合が設定する保険料率に基づいて算定（被保険者と事業主が各健康保険組合が定める負担率分を納める）
被用者保険	全国健康保険協会 管掌健康保険 （協会けんぽ）	主に中小企業の従業員とその扶養家族等	全国健康保険協会	全国健康保険協会都道府県支部	被保険者の「標準報酬月額」「標準賞与額」と、全国健康保険協会が都道府県ごとに設定した保険料率に基づいて算定（労使折半）
被用者保険	共済組合	国家公務員、地方公務員、私立学校教職員とその扶養家族等	共済組合	共済組合	被保険者の「標準報酬月額」「標準賞与額」と、各共済組合が設定した保険料率に基づいて算定（労使折半）
後期高齢者医療制度		75 歳以上の人、一定の障害があると認定された 65 歳以上の人	後期高齢者医療広域連合	市区町村	各都道府県の後期高齢者医療広域連合が定めた均等割、所得割の合計

図表 2-2　医療保険制度で給付される主な医療サービス

給付	内容
療養の給付	病気やけが等をしたとき、必要な医療（診察、投薬、治療、手術、入院）を受けることができ、その費用の 1 ～ 3 割が自己負担となる（現物給付）
入院時食事療養費	入院時の食事について、食事療養標準負担額を除いた部分が現物給付される
入院時生活療養費	療養病床に入院する 65 歳以上の人に対して、生活療養標準負担額を除いた部分が現物給付される
訪問看護療養費	在宅療養の難病患者等が、訪問看護を受けたときの費用が現物給付される
療養費	治療用装具を購入した場合や、特別な理由（やむを得ず「非保険医による医療を受けた」「被保険者証を提示できない」「国外で医療を受けた」とき）で医療費を全額自己負担した場合、保険者負担分が後から払い戻される（現金給付）
移送費	保険者が認めた場合に限り、急な発病で入院、転院した際の実費が移送費として払い戻される（現金給付）
高額療養費	1 か月にかかった医療費の自己負担が一定額を超えた場合に、超過した金額分が払い戻される（現金給付・現物給付）

図表 2-3　**医療費の自己負担割合**

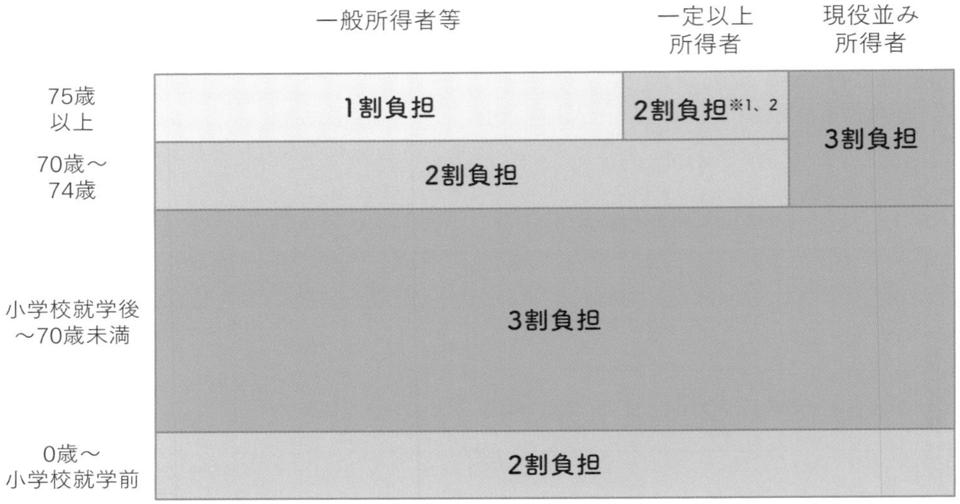

※1　75歳以上の方等で、課税所得が28万円以上145万円未満かつ「年金収入＋その他の合計所得金額」が単身世帯の場合200万円以上、複数世帯の場合合計320万円以上の方は、窓口負担割合が2割となる
※2　同一月内の外来医療の自己負担額が6,000円を超える場合：6,000円＋（総医療費－3万円）×10％または1万8,000円のいずれか低い方（激変緩和措置：2025（令和7）年9月30日まで）

図表 2-4　**入院時食事療養費・入院時生活療養費による食費と居住費の自己負担**

区分			一般病床	療養病床	
			食費	食費	居住費
65歳未満	上位所得者、一般所得者		490円	490円	0円
	市町村民税非課税世帯	直近12か月で入院期間が90日以内	230円	230円	0円
		直近12か月で入院期間が91日目以降	180円	180円	0円
65歳以上	現役並み所得者、一般所得者		490円※	490円※	370円
	市町村民税非課税世帯区分II	直近12か月で入院期間が90日以内	230円	230円	370円
		直近12か月で入院期間が91日目以降	180円	230円	370円
	市町村民税非課税世帯区分I		110円	140円	370円

※管理栄養士または栄養士による適時・適温の食事提供等の基準を満たさない場合は、1食450円

図表 2-5　高額療養費の所得区分と自己負担上限額

	所得区分		自己負担上限額		多数該当	認定証の種類
69歳以下の場合	上位所得者 （区分ア）	（年収　約1,160万円以上） 健保：標準報酬月額が83万円以上 国保：年間所得が901万円超	252,600円＋（総医療費－842,000円）×1%		140,100円	限度額適用認定証
69歳以下の場合	上位所得者 （区分イ）	（年収　約770万円以上約1,160万円以下） 健保：標準報酬月額が53万円以上79万円以下 国保：年間所得が600万円以上901万円未満	167,400円＋（総医療費－558,000円）×1%		93,000円	限度額適用認定証
69歳以下の場合	一般所得者 （区分ウ）	（年収　約370万円以上約770万円以下） 健保：標準報酬月額が28万円以上50万円以下 国保：年間所得が210万円以上600万円未満	80,100円＋（総医療費－267,000円）×1%		44,400円	限度額適用認定証
69歳以下の場合	一般所得者 （区分エ）	（年収　約370万円以下） 健保：標準報酬月額が26万円以下 国保：年間所得が210万円以下	57,600円		44,400円	限度額適用認定証
69歳以下の場合	市町村民税非課税の人（区分オ）		35,400円		24,600円	限度額適用・標準負担額減額認定証
	所得区分		外来（個人単位）	外来＋入院（世帯単位）	多数該当	認定証の種類
70歳以上75歳未満の場合	現役並みIII	健保：標準報酬月額が83万円以上 国保：課税所得が690万円以上	252,600円＋（総医療費－842,000円）×1%		140,100円	申請不要
70歳以上75歳未満の場合	現役並みII	健保：標準報酬月額が53万円以上79万円以下 国保：課税所得が380万円以上690万円未満	167,400円＋（総医療費－558,000円）×1%		93,000円	限度額適用認定証
70歳以上75歳未満の場合	現役並みI	健保：標準報酬月額が28万円以上50万円以下 国保：課税所得が145万円以上380万円未満	80,100円＋（総医療費－267,000円）×1%		44,400円	限度額適用認定証
70歳以上75歳未満の場合	一般	健保：標準報酬月額が26万円以下 国保：課税所得が145万円未満	18,000円※2	57,600円	44,400円	申請不要
70歳以上75歳未満の場合	市町村民税非課税世帯区分II※1		8,000円	24,600円	－	限度額適用・標準負担額減額認定証
70歳以上75歳未満の場合	市町村民税非課税世帯区分I （年金収入80万円以下等）※1		8,000円	15,000円	－	限度額適用・標準負担額減額認定証
	所得区分		外来（個人単位）	外来＋入院（世帯単位）	多数該当	認定証の種類
後期高齢者医療の場合	現役並みIII	課税所得が690万円以上	252,600円＋（総医療費－842,000円）×1%		140,100円	申請不要
後期高齢者医療の場合	現役並みII	課税所得が380万円以上690万円未満	167,400円＋（総医療費－558,000円）×1%		93,000円	限度額適用認定証
後期高齢者医療の場合	現役並みI	課税所得が145万円以上380万円未満	80,100円＋(総医療費－267,000円)×1%		44,400円	限度額適用認定証
後期高齢者医療の場合	一般II	医療費の自己負担割合が2割 （課税所得が28万円以上かつ「年金収入＋その他の合計所得金額」が単身世帯の場合200万円以上、複数世帯の場合その合計が320万円以上）	6,000円＋（総医療費－30,000円）×10%※5 または18,000円 のいずれか低い方※2	57,600円	44,400円	申請不要
後期高齢者医療の場合	一般I	医療費の自己負担割合が1割 （市町村民税非課税、一般II、現役並みを除く区分）	18,000円※2	57,600円	44,400円	申請不要
後期高齢者医療の場合	市町村民税非課税世帯区分II※3		8,000円	24,600円	－	限度額適用・標準負担額減額認定証
後期高齢者医療の場合	市町村民税非課税世帯区分I※4		8,000円	15,000円	－	限度額適用・標準負担額減額認定証

※1　市町村民税非課税世帯のうち、世帯全員の所得金額が0円（公的年金等控除額は80万円として計算）のときは「区分I」、それ以外の市町村民税非課税世帯は「区分II」。
※2　年間（8月1日から翌年7月31日まで）の合計額は144,000円まで。
※3　世帯全員が市町村民税非課税の方（市町村民税非課税世帯区分Iを除く）。
※4　世帯全員が市町村民税非課税で、かつその世帯全員の各種所得が0円となる方（年金の所得は控除額を80万円として計算）。
※5　激変緩和措置（2025（令和7）年9月30日まで）。

2 介護保険制度

わが国では、医療保険と同様に、すべての国民が必要な介護を受けられるよう、介護保険が整備されています。これは介護が必要な状態になっても、安心・安全な生活を継続することができる環境づくりの推進を目的としています。この制度では、40歳以上の国民一人ひとりが保険料を出し合うことで、介護サービスを利用した際に、それに係る介護費の自己負担額を軽減することができる仕組みが設けられています。

また日本の介護保険制度には、高額介護サービス費や高額医療・高額介護合算制度など、介護サービスの自己負担が高額になった場合に、その費用負担をさらに軽減する仕組みなどが設けられています。ここではそれらを含めて介護保険制度の仕組みを紹介します。

1 介護保険制度の保険料

介護保険の加入者は国内に居住する40歳以上の人であり、65歳以上の人を「第1号被保険者」、40歳以上64歳以下の人を「第2号被保険者」として区分し、保険料の算定方法や納付方法はそれぞれ異なります（図表2-6）。また介護保険の保険料は、お住まいの市区町村が3年ごとに条例で定める基準額に基づいて算定されるため、同一所得である第1号被保険者であっても、お住まいの市区町村が異なる場合には保険料の金額も異なる場合があります。

2 介護保険制度の対象

介護保険制度の利用者は、65歳以上の要介護認定等を受けた人と、40歳以上64歳以下で公的医療保険[p.13]に加入し、特定疾病（図表2-7）による要介護認定等を受けた人です。若年性認知症の人は、特定疾病の「初老期における認知症」に該当するため、64歳以下であっても要介護認定等を受けることで介護保険制度を利用することができます。

要介護認定等を受けるまでの流れは、図表2-8のとおりです。まず、お住まいの市区町村の担当窓口（介護保険担当窓口）にて申請の手続きを行います（直接窓口に出向くことが難しい場合には、お近くの地域包括支援センターや居宅介護支援事業所に相談することで、担当職員が自宅へ訪問し、申請代行をお願いできる場合があります)。申請日から、おおむね30日以内に認定結果が通知され、「非該当」もしくは介護の必要性に応じて「要支援1」から「要介護5」まで(7段階)のいずれかの認定を受けます(図表2-9)。

3 介護保険制度で給付される介護サービスと自己負担割合

介護保険に基づく介護サービスとして、その人が受けた要介護認定等の程度に応じて、介護予防・日常生活支援総合事業[注)]、予防給付、介護給付の給付を受けることができます。また、介護保険によって給付されるサービスは、大きく居宅サービス、施設サービス、地域密着型サービスに分類され、要介護認定等を受けた人であれば、その人とその家族の希望や必要性に応じて利用することができます(図表2-10)。

なお、介護保険で給付される介護サービスを利用した場合の自己負担は、原則、所得に応じてかかった費用の1～3割です(図表2-11)。ただし認定を受けた要介護度、要支援度に応じて介護保険の利用制限(区分支給限度額)が設定されています。そのため、介護保険が適用される基準以上のサービスを利用した場合には、利用制限を超えるサービス分の自己負担は実費となるので注意が必要です。一人ひとりの正確な負担割合は、要介護認定等を受けた人全員に送付されている「負担割合証」で確認できます。

4 自己負担の上限と払い戻しに関する制度

高額介護サービス費

同一月内(1日～末日まで)に支払った介護保険に係る介護サービス利用の自己負担が一定額を超えた場合には、高額介護サービス費の制度を申請することで、基準額を超過した金額分の払い戻しを受けることができます。高額介護サー

注)介護予防・日常生活支援総合事業は、市区町村が主体となって、地域の実情に応じて独自に行われる事業(地域支援事業)のひとつです。「一般介護予防事業」と「介護予防・生活支援サービス事業」(訪問型・通所型・生活支援サービス)で構成されています。なお、サービスの運営基準や利用料などは各市区町村が独自に設定しています。サービス内容や利用料などはお住まいの市区町村の担当窓口(介護保険課)や近くの地域包括支援センターにお尋ねください。

ビス費の適用基準額は、図表 2-12 のとおり、世帯[注)]や所得状況などに基づいて設定されています。また、同じ世帯内に複数の介護保険サービスを利用している人がいる場合には、世帯内の自己負担の合計金額が申請対象となります。高額介護サービス費の利用を希望する場合には、お住まいの市区町村の担当窓口（介護保険担当窓口）にて申請することが必要です。

なお、高額介護サービス費の対象とする自己負担には、施設での食費、居住費（滞在費）、住宅改修費や福祉用具購入費は含みません。

高額医療・高額介護合算制度

医療保険［p.13］と介護保険の両方を利用することで生じる経済的な負担を軽減する制度です。1 年間（8 月 1 日～翌年 7 月 31 日）の医療保険ならびに介護保険の自己負担を合計した金額が、高額医療・高額介護合算制度で定められた基準額（図表 2-13）を超えた場合に、申請することで、基準額を超過した金額分の払い戻しを受けることができます。高額医療・高額介護合算制度の申請窓口は、加入する医療保険の保険者（図表 2-1）ですが、申請には「介護サービス利用料の自己負担額証明書」が必要ですので、医療保険の種類にかかわらず、事前にお住まいの市区町村の介護保険の担当窓口に相談しましょう。

ただし、この場合の自己負担額とは、医療保険の高額療養費制度と介護保険の高額介護サービス費を利用し、控除された上での金額をいいます。また、医療保険の保険外診療費や、食事療養費、差額ベッド代、居住費（滞在費）、住宅改修費や福祉用具購入費、要介護度ごとの区分支給限度額を超えた介護サービスの利用費などは対象になりません。

5 介護保険負担限度額認定

要支援・要介護認定を受けた人が、介護保険施設（介護老人福祉施設、介護老人保健施設、介護医療院）やショートステイ（短期入所生活介護、短期入所療養介護）を利用する場合には、介護サービスの利用費とは別に「食費」や「居住費」等の自己負担が必要です。しかしこれらの費用については、収入や預貯金に係る一定条件を満たす場合に「介護保険負担限度額認定」の適用を受けて自己負担額を軽減することができます（図表 2-14）。

注）「世帯」とは、住民基本台帳上の世帯員で、介護サービスを利用した方全員の負担の合計の上限額を指し、「個人」とは、介護サービスを利用した本人の負担の上限額を指します。

この制度を利用するためには、「介護保険負担限度額認定証」を利用する施設に提示することが必要です。「介護保険負担限度額認定証」の交付を受けるためには、お住まいの市区町村の担当窓口（介護保険担当窓口）にて申請の手続きを行います。なお、介護保険負担限度額認定による自己負担額の軽減は、申請月の1日より前にさかのぼって認定を受けることができませんので注意が必要です。

6 制度利用における注意事項

介護が必要な状態が、「原子爆弾被爆者に対する援護に関する法律」「戦傷病者特別援護法」「労働者災害補償保険法」等が対象とする要件に起因する場合には、介護保険よりもそれぞれの法律が優先されます。また、40歳以上64歳以下の生活保護受給者で「障害者の日常生活及び社会生活を総合的に支援するための法律（障害者総合支援法）」の対象となる人は、障害福祉サービスが優先されます。

図表 2-6　**介護保険の保険料とその納付方法（2024 年 4 月～）**

区分			保険料	納付方法
第 1 号被保険者	第 1 段階	生活保護被保険者 世帯全員が市町村民税非課税の老齢福祉年金受給者 世帯全員が市町村民税非課税かつ本人年金収入等 80 万円以下	基準額 × 0.285	・年金額が18万円以上の人：年金から天引き（特別徴収） ・年金額が18万円未満の人：金融機関等での納付書払い・口座振替（普通徴収）
	第 2 段階	世帯全員が市町村民税非課税かつ本人年金収入等 80 万円超 120 万円以下	基準額 × 0.485	
	第 3 段階	世帯全員が市町村民税非課税かつ本人年金収入等 120 万円超	基準額 × 0.685	
	第 4 段階	本人が市町村民税非課税（世帯に課税者がいる）かつ本人年金収入等 80 万円以下	基準額 × 0.900	
	第 5 段階	本人が市町村民税非課税（世帯に課税者がいる）かつ本人年金収入等 80 万円超	基準額 × 1.000	
	第 6 段階	市町村民税課税かつ合計所得金 120 万円未満	基準額 × 1.200	
	第 7 段階	市町村民税課税かつ合計所得金 120 万円以上 210 万円未満	基準額 × 1.300	
	第 8 段階	市町村民税課税かつ合計所得金 210 万円以上 320 万円未満	基準額 × 1.500	
	第 9 段階	市町村民税課税かつ合計所得金 320 万円以上 420 万円未満	基準額 × 1.700	
	第10段階	市町村民税課税かつ合計所得金 420 万円以上 520 万円未満	基準額 × 1.900	
	第11段階	市町村民税課税かつ合計所得金 520 万円以上 620 万円未満	基準額 × 2.100	
	第12段階	市町村民税課税かつ合計所得金 620 万円以上 720 万円未満	基準額 × 2.300	
	第13段階	市町村民税課税かつ合計所得金 720 万円以上	基準額 × 2.400	
第 2 号被保険者	加入する医療保険ごとに異なる			医療保険の保険料と合わせて徴収

図表 2-7　**特定疾病**

1）　がん（医師が一般的に認められている医学的知見に基づき回復の見込みがない状態に至ったものと判断したもの）
2）　関節リウマチ
3）　筋萎縮性側索硬化症
4）　後縦靭帯骨化症
5）　骨折を伴う骨粗しょう症
6）　初老期における認知症
7）　進行性核上性麻痺、大脳皮質基底核変性症およびパーキンソン病
8）　脊髄小脳変性症
9）　脊柱管狭窄症
10）　早老症（ウェルナー症候群等）
11）　多系統萎縮症（シャイ・ドレーガー症候群等）
12）　糖尿病性神経障害、糖尿病性腎症および糖尿病性網膜症
13）　脳血管疾患
14）　閉塞性動脈硬化症
15）　慢性閉塞性肺疾患
16）　両側の膝関節または股関節に著しい変形を伴う変形性関節症

図表 2-8　**要介護認定等を受けるためのプロセス**

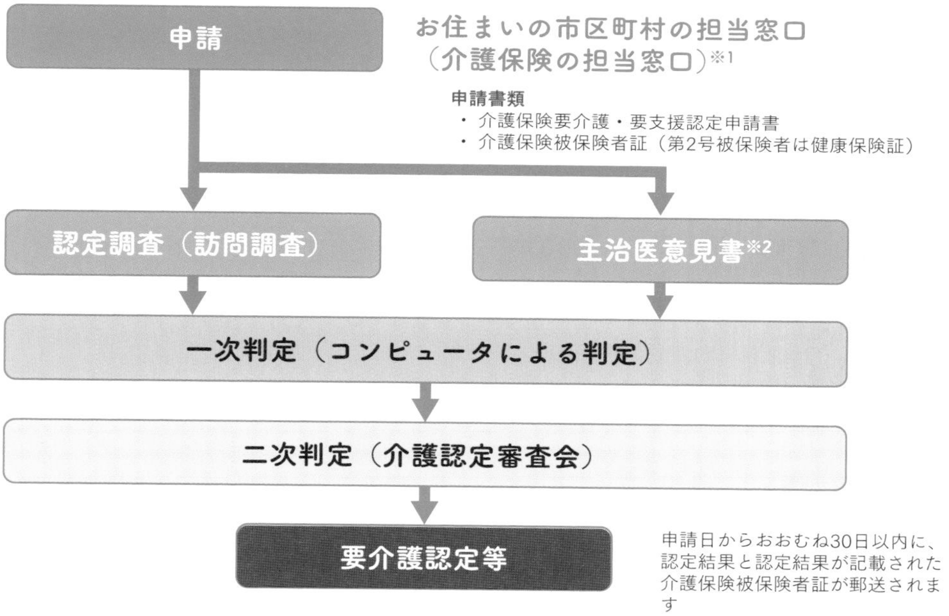

※1　地域包括支援センター等による申請代行ができる場合があります。
※2　主治医意見書は、市区町村の依頼により主治医が作成します。主治医がいない場合には、市区町村の担当窓口、もしくは地域包括支援センター等へ相談してください。

図表 2-9　**要支援・要介護認定の区分とその状態像**

区分	状態像
要支援 1	生活機能の一部がやや低下しており、介護予防サービスの利用により改善する可能性が見込まれる。
要支援 2	生活機能の一部に低下が認められ、介護予防サービスの利用により改善する可能性が見込まれる。
要介護 1	立ち上がりや歩行などが不安定。排泄や入浴などに一部介助が必要。
要介護 2	立ち上がりや歩行などが不安定。排泄や入浴などで一部または全体の介助が必要。
要介護 3	立ち上がりや歩行などが自力では困難。排泄や入浴、衣服着脱などで全体の介助が必要。
要介護 4	立ち上がりや歩行などがほとんどできない。排泄や入浴、衣服の着脱など日常全般に全面的介助が必要。
要介護 5	意思の疎通が困難で、食事を含む生活全般について全面的介助が必要。

出典：遠藤英俊『よくわかる認知症 Q&A——知っておきたい最新医療とやさしい介護のコツ』中央法規出版，p.137，2012.

図表 2-10　**介護保険に基づく主な介護サービス**

	種類	予防給付	介護給付	地域密着型サービス
居宅サービス	訪問介護（ホームヘルプ）	△	○	
	訪問看護	○	○	
	定期巡回・随時対応型訪問介護看護	○	○	□
	訪問入浴介護	○	○	
	訪問リハビリテーション	○	○	
	通所介護（デイサービス）	△	○	□
	通所リハビリテーション（デイケア）	○	○	
	療養通所介護	△	○	□
	認知症対応型通所介護	○	○	□
	小規模多機能型居宅介護	○	○	□
	短期入所生活介護（ショートステイ）	○	○	
	短期入所療養介護（ショートステイ）	○	○	
施設サービス	介護老人福祉施設（特別養護老人ホーム）		△	□
	介護老人保健施設		○	
	介護医療院		○	
	認知症対応型共同生活介護（グループホーム）	△	○	□
	特定施設入居者生活介護（介護付有料老人ホーム、軽費老人ホーム等）	○	○	□

○：全員が利用できる
△：一部の要件を満たす人が利用できる
□：地域密着型サービスがある

図表 2-11　**介護サービスの利用に伴う自己負担割合**

区分	本人の合計所得	年金収入＋その他の合計所得の金額	自己負担割合
第 1 号被保険者	220 万円以上	単身世帯：340 万円以上 2 人以上世帯：463 万円以上	3 割
		単身世帯：280 万円以上 340 万円未満 2 人以上世帯：346 万円以上 463 万円未満	2 割
		単身世帯：280 万円未満 2 人以上世帯：346 万円未満	1 割
	160 万円以上 220 万円未満	単身世帯：280 万円以上 2 人以上世帯：346 万円以上	2 割
		単身世帯：280 万円未満 2 人以上世帯：346 万円未満	1 割
	160 万円未満		1 割
第 2 号被保険者および生活保護受給者※、市町村民税非課税者			1 割

※生活保護受給者の 1 割分は介護扶助となる。

図表 2-12　**高額介護サービス費の区分と適用基準額（上限額）**

区分	適用基準額
課税所得 690 万円（年収約 1,160 万円）以上	140,100 円（世帯）
課税所得 380 万円（年収約 770 万円）～課税所得 690 万円（年収約 1,160 万円）未満	93,000 円（世帯）
市町村民税課税～課税所得 380 万円（年収約 770 万円）未満	44,400 円（世帯）
世帯全員が市町村民税非課税	24,600 円（世帯）
前年の公的年金※1 等収入金額＋その他の合計所得金額※2 の合計が 80 万円以下の人の場合	24,600 円（世帯） 15,000 円（個人）
生活保護受給者等	15,000 円（世帯）

※ 1　障害年金・遺族年金等の非課税年金は除く
※ 2　前年の 1 月から 12 月までの 1 年間の所得

図表 2-13　高額医療・高額介護合算制度の区分と適用基準額（上限額）

区分		70 歳以上の人がいる世帯・後期高齢者医療制度	70 歳未満の人がいる世帯
現役並みIII	健保：標準報酬月額が 83 万円以上 国保・後期：課税所得が 690 万円以上 70 歳未満の国保・健保：年間所得が 901 万円超	212 万円	212 万円
現役並みII	健保：標準報酬月額が 53 万円以上 79 万円以下 国保・後期：課税所得が 380 万円以上 690 万円未満 70 歳未満の国保・健保：年間所得が 600 万円超 901 万円以下	141 万円	141 万円
現役並みI	健保：標準報酬月額が 28 万円以上 50 万円以下 国保・後期：課税所得が 145 万円以上 380 万円未満 70 歳未満の国保・健保：年間所得が 210 万円超 600 万円以下	67 万円	67 万円
一般	健保：標準報酬月額が 26 万円以下 国保・後期：課税所得が 145 万円未満等 70 歳未満の国保・健保：年間所得が 210 万円以下	56 万円	60 万円
市町村民税非課税世帯　区分II		31 万円	34 万円
市町村民税非課税世帯　区分I（年収 80 万円以下など）		19 万円※	34 万円

※世帯内に介護サービス利用者が複数いる場合は、31 万円となります。

図表 2-14　介護保険負担限度額認定による食費と居住費の自己負担限度額（1 日あたり）

区分			食費		居住費				
							従来型個室		
	所得	預貯金額※	介護老人福祉施設 介護老人保健施設 介護医療院	ショートステイ	ユニット型個室	ユニット型個室的多床室	介護老人保健施設 介護医療院	介護老人福祉施設	多床室
第 1 段階	世帯全員が市町村民税非課税の老齢福祉年金受給者 生活保護受給者等	単身：1,000 万円以下 夫婦：2,000 万円以下	300 円	300 円	820 円	490 円	490 円	320 円	0 円
第 2 段階	世帯全員が市町村民税非課税かつ公的年金等収入金額（非課税年金を含む）＋その他の合計所得金額が 80 万円以下	単身：650 万円以下 夫婦：1,650 万円以下	390 円	600 円	820 円	490 円	490 円	420 円	370 円
第 3 段階①	世帯全員が市町村民税非課税かつ公的年金等収入金額（非課税年金を含む）＋その他の合計所得金額が 80 万円超 120 万円以下	単身：550 万円以下 夫婦：1,550 万円以下	650 円	1,000 円	1,310 円	1,310 円	1,310 円	820 円	370 円
第 3 段階②	世帯全員が市町村民税非課税かつ公的年金等収入金額（非課税年金を含む）＋その他の合計所得金額が 120 万円超	単身：500 万円以下 夫婦：1,500 万円以下	1,360 円	1,300 円	1,310 円	1,310 円	1,310 円	820 円	370 円
第 4 段階	上記に該当しない		施設との契約に基づく金額を支払う（介護保険負担限度額認定による減額なし）						

※第 2 号被保険者で第 1 ～ 3 段階の場合は、預貯金額を単身 1,000 万円以下、夫婦 2,000 万円以下とする。

③ 障害福祉サービス

1 制度の目的

障害福祉サービスは、「障害者の日常生活及び社会生活を総合的に支援するための法律（障害者総合支援法）」の第5条で定められており、介護給付（9種類：居宅介護、重度訪問介護、同行援護、行動援護、重度障害者等包括支援、短期入所、療養介護、生活介護、施設入所支援）と訓練等給付（6種類：自立生活援助、共同生活援助、自立訓練、就労移行支援、就労継続支援、就労定着支援）の2つがあります（図表2-15）。障害のある人が基本的人権を享有する個人としての尊厳にふさわしい日常生活または社会生活を営むことができることを目的としたサービスです。

2 制度の対象者

障害福祉サービスを申請できる人は、「障害者総合支援法」第4条で定められている身体障害者や知的障害者、精神障害者、難病等患者となります。障害等の状態は次のとおりです。

・身体障害者の場合[1)]
身体障害者手帳を所持している人
・知的障害者の場合[1)]
療育手帳（自治体により名称が異なる）を所持している人、この手帳を所持していない場合は医師による意見書で障害の程度が確認できる人など
・精神障害者の場合[1)]
精神障害者保健福祉手帳を所持している人、または精神障害を事由に支給を受けている年金の証書、自立支援医療受給者証（精神通院医療）、精神障害が確認できる医師の診断書が確認できる人など
・難病等患者[2)]
難病等が確認できる医師の診断書や特定医療費（指定難病）助成制度の医療受給者証が確認できる人など
※特定医療費（指定難病）助成制度の対象となる難病は、①発病の機構が明らかでない、②治療方法が確立していない、③患者数が人口の0.1％程度

に達しない、④長期の療養を必要とするもの、⑤診断に関し客観的な指標による一定の基準が定まっていることの5つが選定基準となっていますが、障害者総合支援法の対象となる難病等については②と④、⑤の3つが要件となっており、369疾病（2024年4月時点）が対象疾病となっています。

3 申請に必要な書類

・申請書
・身体障害者手帳など障害があることが確認できる書類
・印鑑

お住まいの市区町村によって必要書類が異なることがありますので、担当窓口へご確認ください。

4 申請からサービス利用までの流れ

介護給付と訓練等給付では若干手続きが異なります。

(1) 介護給付の申請からサービス利用までの流れ[1) 3)]

① 市区町村の担当窓口（障害福祉の担当窓口）に申請を行います。指定相談支援事業者（障害福祉サービス等の利用に関する計画を支援してくれる事業所）等に代行を依頼することもできます。

② 市区町村の担当者等が障害のある人の80項目の聞き取り調査を行います（一次判定）。一次判定の結果と医師の意見書を用いて市区町村審査会にて障害支援区分（区分1〜6の6段階）を判定し（二次判定）、二次判定の結果を踏まえて市区町村が障害支援区分を認定します（有効期間は原則3年）。

③ 市区町村は、指定相談支援事業者が作成するサービス等利用計画案の提出を求めます。障害のある人自身がサービスの種類や量を作成するセルフプランを提出することもできます。

④ 市区町村は提出されたサービス等利用計画案やセルフプランを勘案して支給決定を行い、支給量を記載した「障害福祉サービス受給者証」を交付します。その後はサービスを担当する事業所によるサービス担当者会議を経て、サービス等利用計画が確定し、サービスの利用が開始となります。

(2) 訓練等給付の申請からサービス利用までの流れ[1) 3)]

① 市区町村の担当窓口（障害福祉の担当窓口）に申請を行います。指定相談支援事業者（障害福祉サービス等の利用に関する計画を支援してくれる事業所）等に代行を依頼することもできます。

② 市区町村の担当者等が障害のある人の80項目の聞き取り調査を行いますが、障害支援区分の認定は行いません。ただし共同生活援助の場合は一部認定が求められる場合があります（介護の利用を希望する場合）。

③ 市区町村は、指定相談支援事業者が作成するサービス等利用計画案の提出を求めます。障害のある人自身がサービスの種類や量を作成するセルフプランを提出することもできます。

④ その後訓練等給付の支給決定がされ、利用開始となりますが、自立訓練や就労移行支援、就労継続支援A型は支給決定の前に暫定支給決定が行われます。その期間は2か月を上限として市区町村が決定します。

5 | 申請窓口

申請窓口は、お住まいの市区町村の担当窓口（障害福祉の担当窓口）となります。

6 | 制度利用における費用負担

障害福祉サービスの費用負担は応能負担となっています（図表2-16）。

同一世帯で障害福祉サービスや介護保険サービス等の利用者負担額の合計が1か月3万7,200円を超えた場合、申請（窓口は前項のとおり）により「高額障害福祉サービス等給付費」として超過額が還付されます[4)]。

65歳に達する日以前の5年間、特定の障害福祉サービス（居宅介護、重度訪問介護、生活介護、短期入所）を利用していた人が、引き続き同等の介護保険サービスを利用する場合、申請（窓口は前項のとおり）により「新高額障害福祉サービス等給付費」を受けることができる場合があります[5)]。対象となるのは、①65歳に達する日前5年間にわたり、相当する障害福祉サービスに係る支給決定を受けていた、②特定の障害福祉サービスに相当する介護保険サービス（訪問介護、通所介護、短期入所生活介護、地域密着型通所介護、小規模多機能型居宅介護）を利用する、③65歳の誕生日の2日前の属する年度において「市町村民税非課税」または「生活保護」に該当し、④65歳以降に利用者負担の軽減の申請をする際にも「市町村民税非課税」または「生活保護」に該当する、⑤65歳の誕生日の2日前において障害支援区分2以上であった、⑥65歳まで介護保険サービスを利用してこなかったといった6要件に該当する人となります（図表 2-17）。

償還されるのは、特定の介護保険サービスに係る利用者負担額（「介護保険法」における高額介護（予防）サービス費、高額医療合算介護サービス費により償還された後もなお残っている利用者負担額）です。なお、新高額障害福祉サービス等給付費は、市区町村が対象となる人を把握し、該当になる可能性のある人に通知をしている場合もあります。

図表 2-15　**障害福祉サービス等の体系（介護給付・訓練等給付）**

				サービス内容
訪問系	介護給付	居宅介護	者 児	自宅で、入浴、排泄、食事の介護等を行う
訪問系	介護給付	重度訪問介護	者	重度の肢体不自由者または重度の知的障害もしくは精神障害により行動上著しい困難を有する者であって常に介護を必要とする人に、自宅で、入浴、排泄、食事の介護、外出時における移動支援、入院時の支援等を総合的に行う（日常生活に生じる様々な介護の事態に対応するための見守り等の支援を含む）
訪問系	介護給付	同行援護	者 児	視覚障害により、移動に著しい困難を有する人が外出するとき、必要な情報提供や介護を行う
訪問系	介護給付	行動援護	者 児	自己判断能力が制限されている人が行動するときに、危険を回避するために必要な支援、外出支援を行う
訪問系	介護給付	重度障害者等包括支援	者 児	介護の必要性がとても高い人に、居宅介護等複数のサービスを包括的に行う
日中活動系	介護給付	短期入所	者 児	自宅で介護する人が病気の場合などに、短期間、夜間も含めた施設で、入浴、排泄、食事の介護等を行う
日中活動系	介護給付	療養介護	者	医療と常時介護を必要とする人に、医療機関で機能訓練、療養上の管理、看護、介護および日常生活の世話を行う
日中活動系	介護給付	生活介護	者	常に介護を必要とする人に、昼間、入浴、排泄、食事の介護等を行うとともに、創作的活動または生産活動の機会を提供する
施設系	介護給付	施設入所支援	者	施設に入所する人に、夜間や休日、入浴、排泄、食事の介護等を行う
居住支援系	訓練等給付	自立生活援助	者	一人暮らしに必要な理解力・生活力等を補うため、定期的な居宅訪問や随時の対応により日常生活における課題を把握し、必要な支援を行う
居住支援系	訓練等給付	共同生活援助	者	夜間や休日、共同生活を行う住居で、相談、入浴、排泄、食事の介護、日常生活上の援助を行う
訓練系・就労系	訓練等給付	自立訓練（機能訓練）	者	自立した日常生活または社会生活ができるよう、一定期間、身体機能の維持、向上のために必要な訓練を行う
訓練系・就労系	訓練等給付	自立訓練（生活訓練）	者	自立した日常生活または社会生活ができるよう、一定期間、生活能力の維持、向上のために必要な支援、訓練を行う
訓練系・就労系	訓練等給付	就労移行支援	者	一般企業等への就労を希望する人に、一定期間、就労に必要な知識および能力の向上のために必要な訓練を行う
訓練系・就労系	訓練等給付	就労継続支援（A型）	者	一般企業等での就労が困難な人に、雇用して就労の機会を提供するとともに、能力等の向上のために必要な訓練を行う
訓練系・就労系	訓練等給付	就労継続支援（B型）	者	一般企業等での就労が困難な人に、就労する機会を提供するとともに、能力等の向上のために必要な訓練を行う
訓練系・就労系	訓練等給付	就労定着支援	者	一般就労に移行した人に、就労に伴う生活面の課題に対応するための支援を行う

出典：厚生労働省「障害福祉サービスについて」を一部改変
https://www.mhlw.go.jp/stf/seisakunitsuite/bunya/hukushi_kaigo/shougaishahukushi/service/naiyou.html

図表 2-16　**障害福祉サービスの利用者負担（上限月額）**

区分	世帯の収入状況	負担上限月額
生活保護	生活保護受給世帯	0 円
低所得	市町村民税非課税世帯※1	0 円
一般 1	市町村民税課税世帯（所得割 16 万円※2 未満） ※入所施設利用者（20 歳以上）、グループホーム利用者を除く※3	9,300 円
一般 2	上記以外	37,200 円

注：障害者と配偶者の世帯で、障害福祉サービスの負担額（介護保険も併せて利用している場合は、介護保険の負担額も含む）の合算額が上記の基準額を超える場合、超過額が還付される。

※1　3 人世帯で障害者基礎年金（1 級）受給の場合、収入がおおむね 300 万円以下の世帯が対象となる。

※2　収入がおおむね 670 万円以下の世帯が対象になる。

※3　入所施設利用者（20 歳以上）、グループホーム利用者は、市町村民税課税世帯の場合、「一般 2」となる。

出典：厚生労働省「障害者の利用者負担」を一部改変
https://www.mhlw.go.jp/stf/seisakunitsuite/bunya/hukushi_kaigo/shougaishahukushi/service/hutan1.html

図表 2-17　**新高額障害福祉サービス等給付費の受給要件**

1	65 歳になる前 5 年間継続して、特定の障害福祉サービス（居宅介護、重度訪問介護、生活介護、短期入所）の支給決定を受けていたこと。
2	介護保険移行後に、1 に相当する特定の介護保険サービス（訪問介護、通所介護、短期入所生活介護、地域密着型通所介護、小規模多機能型居宅介護（介護予防サービスおよび地域密着型サービスは除く））を利用すること。
3	65 歳の誕生日の 2 日前の属する年度（65 歳の誕生日の 2 日前が 4 月から 6 月までの場合は前年度）において、本人および同一世帯に属する配偶者が「市町村民税非課税」または「生活保護」に該当していたこと。
4	65 歳に到達した後、特定の介護保険サービスを利用した月が属する年度（当該サービスを利用した月が 4 月から 6 月までの場合は、前年度）に、本人および同一世帯に属する配偶者が「市町村民税非課税」または「生活保護」に該当していること。
5	65 歳の誕生日の 2 日前において、障害支援区分が区分 2 以上であったこと。
6	40 歳から 65 歳になるまでの間に特定疾病により介護保険サービスを利用していないこと。

COLUMN 2

医療保険と介護保険の適用関係（訪問看護）

介護保険の給付は、医療保険の給付に優先することとなっていることから、要支援・要介護の認定を受けている人はまず介護保険によるサービスを利用することになります。しかし、訪問看護に関しては、病状等により医療保険による給付が行われる場合があります。要支援・要介護の認定を受けている人で医療保険での訪問看護が行われるのは、次の３つのケースです。

1　厚生労働大臣が定める疾病等のある人の訪問看護

厚生労働大臣が定める疾病等とは、診療報酬に規定された「特掲診療料の施設基準等」の別表第７に掲げる末期の悪性腫瘍や多発性硬化症、重症筋無力症などの 20 の疾病等となります（図表 2-18）。これらの疾病等のなかには認知症の原因疾患も含まれていますが、アルツハイマー型認知症や血管性認知症等の代表的な認知症は含まれていません。なお、後述の別表第８に掲げる状態も別表第７に掲げる疾病等と同様に医療保険で訪問看護を受けることができます。

2　特別訪問看護指示書が交付された人の訪問看護

特別訪問看護指示書は、急性感染症などの急性増悪時や末期の悪性腫瘍等以外の終末期、退院直後において週４日以上の頻回な訪問看護の必要が認められる場合に主治医から交付される訪問看護の指示書です。この指示書に書かれている期間（最長 14 日間）は医療保険により訪問看護を受けることになります。

3　精神科在宅患者支援管理料を算定する人の精神科訪問看護

精神科訪問看護とは、精神科を標榜する保険医療機関の精神科医から精神科訪問看護指示書を交付された場合の訪問看護です。医療保険（精神科訪問看護基本療養費）が優先となっていますが、認知症は介護保険による給付となっています。しかし、精神科在宅患者支援管理料を算定する認知症の場合は医療保険の給付となります。精神科在宅患者支援管理料の算定の対象となる人は、認知症の場合は重度であり、退院時または算定時の GAF 尺度が 40 点以下の人となっています。GAF 尺度は、心理的、社会的、職業的機能を１～ 100 までの数値で評価する指標であり、数字が大きいほど精神状態が良いと判断します（図表 2-19）。

4　制度利用における注意事項

医療保険の訪問看護は週3日が限度となっていますが、厚生労働大臣が定める疾病等や特別訪問看護指示書が交付された人、厚生労働大臣が定める状態の人（「特掲診療料の施設基準等」の別表第8に掲げる状態：（図表2-20））は週4日以上の訪問や複数の訪問看護ステーションを利用することが可能となっています。

疾病等によっては、特定医療費（指定難病）助成制度の利用により、自己負担分が軽減される場合があります。詳しくは、[p.41]をご覧ください。また、医療保険による訪問看護を受けている人の場合、認知症のみならず身体障害などが重度であることも少なくないため、特別障害者手当[p.81]や障害者手帳[p.47]、自治体独自の障害者医療費助成制度（図表2-30）などに該当しないか否かも併せて検討が必要です。

図表2-18　「特掲診療料の施設基準等」の別表第7に掲げる疾病等

★1　末期の悪性腫瘍
2　多発性硬化症
3　重症筋無力症
4　スモン
★5　筋萎縮性側索硬化症
★6　脊髄小脳変性症
7　ハンチントン病
8　進行性筋ジストロフィー症
★9　パーキンソン病関連疾患
- 進行性核上性麻痺
- 大脳皮質基底核変性症
- パーキンソン病（ホーエン・ヤールの重症度分類がステージ3以上であって、生活機能障害度がII度またはIII度のものに限る）

★10　多系統萎縮症
- 線条体黒質変性症
- オリーブ橋小脳萎縮症
- シャイ・ドレーガー症候群

11　プリオン病
12　亜急性硬化性全脳炎
13　ライソゾーム病
14　副腎白質ジストロフィー
15　脊髄性筋萎縮症
16　球脊髄性筋萎縮症
17　慢性炎症性脱髄性多発神経炎
18　後天性免疫不全症候群
19　頸髄損傷
20　人工呼吸器を使用している状態

★は介護保険の特定疾病

図表 2-19　GAF（機能の全体的評定）尺度

点数	機能の状態
100 ～ 91	広範囲の行動にわたって最高に機能しており、生活上の問題で手に負えないものは何もなく、その人の多数の長所があるために他の人々から求められている。症状は何もない。
90 ～ 81	症状がまったくないか、ほんの少しだけ（例：試験前の軽い不安）、すべての面でよい機能で、広範囲の活動に興味をもち参加し、社交的にはそつがなく、生活に大体満足し、日々のありふれた問題や心配以上のものはない（例：たまに、家族と口論する）。
80 ～ 71	症状があったとしても、心理的社会的ストレスに対する一過性で予期される反応である（例：家族と口論した後の集中困難）、社会的、職業的または学校の機能にごくわずかな障害以上のものはない（例：学業で一時遅れをとる）。
70 ～ 61	いくつかの軽い症状がある（例：抑うつ気分と軽い不眠）、または、社会的、職業的または学校の機能に、いくらかの困難はある（例：時にずる休みをしたり、家の金を盗んだりする）が、全般的には、機能はかなり良好であって、有意義な対人関係もかなりある。
60 ～ 51	中等度の症状（例：感情が平板的で、会話がまわりくどい、時に、恐慌発作がある）、または、社会的、職業的、または学校の機能における中等度の障害（例：友達が少ない、仲間や仕事の同僚との葛藤）。
50 ～ 41	重大な症状（例：自殺の考え、強迫的儀式がひどい、しょっちゅう万引する）、または、社会的、職業的または学校の機能において何か重大な障害（友達がいない、仕事が続かない）。
40 ～ 31	現実検討か意思伝達にいくらかの欠陥（例：会話は時々、非論理的、あいまい、または関係性がなくなる）、または、仕事や学校、家族関係、判断、思考または気分、など多くの面での粗大な欠陥（例：抑うつ的な男が友人を避け家族を無視し、仕事ができない。子どもが年下の子どもを殴り、家で反抗的で、学校では勉強ができない）。
30 ～ 21	行動は妄想や幻覚に相当影響されている。または意思伝達か判断に粗大な欠陥がある（例：時々、滅裂、ひどく不適切にふるまう、自殺の考えにとらわれている）、または、ほとんどすべての面で機能することができない（例：一日中床についている、仕事も家庭も友達もない）。
20 ～ 11	自己または他者を傷つける危険がかなりあるか（例：死をはっきり予期することなしに自殺企図、しばしば暴力的、躁病性興奮）、または、時には最低限の身辺の清潔維持ができない（例：大便を塗りたくる）、または、意思伝達に粗大な欠陥（例：ひどい滅裂か無言症）。
10 ～ 1	自己または他者をひどく傷つける危険が続いている（例：何度も暴力を振るう）、または最低限の身辺の清潔維持が持続的に不可能、または、死をはっきり予測した重大な自殺行為。
0	情報不十分

・精神的健康と病気という 1 つの仮想的な連続体に沿って、心理的、社会的、職業的機能を考慮する。
・身体的（または環境的）制約による機能の障害を含めない。
・点数は例えば、45、68、72 のように、適切な点数で評価する。

図表 2-20　「特掲診療料の施設基準等」の別表第 8 に掲げる状態

1　在宅悪性腫瘍等患者指導管理もしくは在宅気管切開患者指導管理を受けている状態にある者または気管カニューレもしくは留置カテーテルを使用している状態にある者
2　以下のいずれかを受けている状態にある者
・在宅自己腹膜灌流指導管理
・在宅血液透析指導管理
・在宅酸素療法指導管理
・在宅中心静脈栄養法指導管理
・在宅成分栄養経管栄養法指導管理
・在宅自己導尿指導管理
・在宅人工呼吸指導管理
・在宅持続陽圧呼吸療法指導管理
・在宅自己疼痛管理指導管理
・在宅肺高血圧症患者指導管理
3　人工肛門または人工膀胱を設置している状態にある者
4　真皮を越える褥瘡の状態にある者
5　在宅患者訪問点滴注射管理指導料を算定している者

第2節

医療費の自己負担、介護保険サービス利用料の軽減に向けた社会保障制度

この節では、第1節で紹介した医療保険制度や介護保険制度のサービス利用によって生じる自己負担分を軽減するための制度の概要について紹介します。

自立支援医療制度（精神通院医療）と特定医療費（指定難病）助成制度は、医療保険の自己負担を軽減する公費負担医療制度であり、認知症のある人の必要な医療を保障するための重要な制度といえます。また、障害者手帳は税金控除や交通費の割引などにより支出を緩和する制度ですが、障害の程度により自治体独自の障害者医療費助成制度が利用でき、医療費の軽減に役立つ可能性もあります。

生活保護制度は、社会保障制度の活用等を駆使しても最低限度の生活を営むことができない場合にセーフティネットの役割を担う制度です。一方、境界層該当（介護保険制度）は介護保険制度の利用において生じる保険料などのさまざまな負担を軽減することで生活保護受給を回避するための制度になります。生活保護制度を検討する前に確認しておきたい制度のひとつです。

障害者ホームヘルプサービス利用者に対する支援措置事業は、経済的問題を抱える若年性認知症のある人に役立つ制度です。一方、社会福祉法人等による生計困難者等に対する介護保険サービスに係る利用者負担額軽減事業は年齢を問わず、経済的問題を抱える認知症のある人に必要な介護サービスを保障する重要な制度です。

医療保険と介護保険、そして介護保険と障害福祉サービスでは、前者には訪問看護、後者にはホームヘルプなどの同等のサービスがあります。法の優先順位から考えるといずれも介護保険（制度）が優先されることになりますが、例外規定も設けられています。これらの適用関係を知ることにより、認知症のある人の経済的な負担を軽減できることもありますので、知識として得ておくことが必要です。

1 自立支援医療制度（精神通院医療）

1 制度の目的

精神疾患（てんかんを含む）で、通院による精神医療を継続的に受ける必要のある病状の方に、通院のための医療費等の自己負担を軽減する公費負担医療制度です。

2 制度の概要

対象者

「精神保健及び精神障害者福祉に関する法律」第5条に規定される何らかの精神疾患（図表2-21）により、病院または診療所に入院しないで行われる治療を継続する必要のある程度の状態の人が対象となります。

市町村民税が23万5,000円以上（年収約833万円以上）の世帯の人は所得制限により対象外となりますが、「重度かつ継続」の場合は経過的特例措置により3年ごとに見直され、延長されています（1か月の自己負担上限額2万円）。

対象となる範囲

医療費の軽減が受けられる範囲は、精神疾患・障害のために生じた病態に対して行われる外来診療・外来での投薬・デイケア・訪問看護等となります。なお、精神疾患・障害と関係のない疾患の医療費等は対象外となります。

自己負担上限額

自己負担額は総医療費の1割となりますが、負担が過大とならないように、世帯[注1)]の所得に応じて、1か月あたりの負担上限額が設定されています。さらに、「重度かつ継続[注2)]」に該当する人で、市町村民税課税世帯の方は、通常

注1)「世帯」とは同一健康保険に加入している人を同一の「世帯」としています。
注2)「重度かつ継続」とは以下の①～③のいずれかの場合に該当します。
① 医療保険の高額療養費の「多数該当」の世帯
② ICD-10コードにおいてF0～F3・G40（図表2-21）の方
③ 3年以上の精神医療を経験している医師により、集中的な精神医療が続けて必要と判断された方

とは別に負担上限月額が定められ、負担が軽減されます。（図表 2-22）

3　申請に必要な書類

・自立支援医療支給認定申請書
・医師の診断書（様式あり）
　※精神障害者保健福祉手帳と同時に申請する場合は省略できることもあります。
・健康保険証
・同じ医療保険世帯の方の所得の状況等が確認できる書類
・マイナンバーの確認書類

自治体によって必要書類が異なることがありますので、窓口へご確認ください。

4　申請窓口

申請窓口は、お住まいの市区町村の障害福祉を担当する窓口となります（一部保健所や精神保健福祉センターの場合もあります）。申請が認められると、「受給者証（自立支援医療受給者証）」が交付されます。

5　制度利用における注意事項

自立支援医療受給者証には有効期限があり、原則 1 年となります。1 年ごとに更新が必要となりますが、治療方針に変更がなければ、2 回に 1 回は医師の診断書が省略できる場合があります。

精神疾患の治療のための通院であれば、診療科の制限はありませんが、各都道府県または指定都市が指定した「指定自立支援医療機関」（病院、診療所、薬局、訪問看護ステーション）で、受給者証に記載されているところに限ります。

訪問看護の利用は、精神科訪問看護指示書に基づいて実施されますが、病名が認知症の場合は、介護保険が優先となります。ただし、医療機関が精神科在宅患者支援管理料を算定する場合は、利用可能です。

図表 2-21　**自立支援医療制度（精神通院医療）の対象となる精神疾患**

①	症状性を含む器質性精神障害	F00-F09
②	精神作用物質使用による精神および行動の障害	F10-F19
③	統合失調症、統合失調症型障害および妄想性障害	F20-F29
④	気分（感情）障害	F30-F39
⑤	てんかん	G40
⑥	神経症性障害、ストレス関連障害および身体表現性障害*	F40-F48
⑦	生理的障害および身体的要因に関連した行動症候群	F50-F59
⑧	成人の人格および行動の障害	F60-F69
⑨	知的障害（精神遅滞）	F70-F79
⑩	心理的発達の障害	F80-F89
⑪	小児（児童）期および青年期に通常発症する行動および情緒の障害	F90-F98

（①〜⑤）「重度かつ継続」対象

認知症は①に含まれます！

＊「身体表現性障害」は DSM-5（精神障害の診断と統計マニュアル）第 5 版では「身体症状症および関連症群」へ名称変更されています

資料：厚生労働省「基本分類表 ICD-10（2013 年版）準拠」より一部抜粋

図表 2-22　**自立支援医療制度（精神通院医療）の負担上限額について**

所得区分（医療保険の世帯単位）		「重度かつ継続」非該当	「重度かつ継続」該当
一定所得以上	市町村民税　23 万 5,000 円以上	対象外	2 万円※
中間所得 2	市町村民税　3 万 3,000 円以上 23 万 5,000 円未満	総医療費の 1 割または高額療養費（医療保険）の自己負担限度額	1 万円
中間所得 1	市町村民税　3 万 3,000 円未満		5,000 円
低所得 2	市町村民税非課税（低所得 1 を除く）	5,000 円	
低所得 1	市町村民税非課税（本人の年収 80 万円以下）	2,500 円	
生活保護	生活保護世帯	0 円	

認知症は「重度かつ継続」に該当します！

※「重度かつ継続」の一定所得以上は経過的特例措置により 3 年ごとに見直され、延長されています

資料：厚生労働省「自立支援医療制度の概要」

② 特定医療費（指定難病）助成制度

1 制度の目的

「難病の患者に対する医療等に関する法律（難病法）」に基づき指定される指定難病について、効果的な治療法が確立するまでの間、長期の療養による医療費等の自己負担を軽減する公費負担医療制度です。

指定難病とは､原因不明かつ治療方法が確立していない病気として「難病法」に定められる基準に基づいて厚生労働大臣が指定した疾病です。2024（令和6）年4月1日時点で341疾病が指定されています（図表2-23）。

2 制度の概要

対象者

指定難病と診断され、「重症度分類等」に照らして症状が一定以上の認定基準に該当する人が対象となります。また､上記の認定基準に該当しないものの、直近の12か月において、指定難病に係る月ごとの医療費総額（10割負担）が3万3,330円を超える月が3回以上ある方（軽症高額該当）も対象になります。

対象となるもの

難病指定医療機関（病院、診療所、薬局、訪問看護ステーション）で受けた指定難病に対する医療費となります。介護保険制度における訪問看護などの医療系サービスも含まれます。（図表2-24）

自己負担上限額

窓口での負担は2割負担に軽減されます（医療保険の自己負担割合が1割負担の人は、1割のままです（図表2-3））。

1か月あたりの自己負担上限額が所得の状況によって決定されます。また、一般所得・上位所得者区分で、申請月以前の12か月で、月ごとの医療費総額が5万円を超える月が6回以上ある方は、軽減された負担上限額が設定されます（高額かつ長期）。人工呼吸器を装着されている方は、所得の状況にかかわら

ず月額 1,000 円となります。（図表 2-25）

3　申請に必要な書類

・特定医療費の支給認定申請書
・診断書（臨床調査個人票）
・住民票
・同じ医療保険世帯の方の所得の状況等が確認できる書類
・健康保険証の写し
・同意書
・（「高額かつ長期」または「軽症高額該当」に該当する方は）医療費について確認できる書類

自治体によって必要書類が異なることがありますので、窓口へご確認ください。

4　申請窓口

申請窓口は、都道府県・指定都市・中核市の担当窓口（保健所等）となります。

都道府県・指定都市により支給認定され、医療受給者証が交付されます。

5　制度利用における注意事項

医療費助成は、申請日からさかのぼり「重症度分類をみたしていることを診断した日」から開始されますが、さかのぼる期間は原則として 1 か月となります。

医療受給者証には有効期限があり、原則 1 年以内となります。治療の継続が必要な場合は更新の申請を行います。

診断書は都道府県・指定都市・中核市から指定を受けた医師（指定医）に限り作成することができます。指定医には、新規申請および更新申請に必要な診断書が記載できる「難病指定医」と、更新申請に必要な診断書のみを記載できる「協力難病指定医」の 2 種類があります。

月ごとの自己負担上限額については、「自己負担上限額管理票」で管理され、自己負担累積額が自己負担上限月額に達した場合は、その月の自己負担は請求されなくなります。

前頭側頭葉変性症（前頭側頭型認知症）の場合は、65 歳以下に発症した場合のみ対象となります。自立支援医療制度との兼ね合いを検討した上で申請してください。

図表 2-23　指定難病一覧（341 疾病）

		告示番号
あ	アイカルディ症候群	135
	アイザックス症候群	119
	IgA 腎症	66
	IgG4 関連疾患	300
	亜急性硬化性全脳炎	24
	悪性関節リウマチ	46
	アジソン病	83
	アッシャー症候群	303
	アトピー性脊髄炎	116
	アペール症候群	182
	アラジール症候群	297
	α 1 －アンチトリプシン欠乏症	231
	アルポート症候群	218
	アレキサンダー病	131
	アンジェルマン症候群	201
	アントレー・ビクスラー症候群	184
い	イソ吉草酸血症	247
	一次性ネフローゼ症候群	222
	一次性膜性増殖性糸球体腎炎	223
	1p36 欠失症候群	197
	遺伝性自己炎症疾患	325
	遺伝性ジストニア	120
	遺伝性周期性四肢麻痺	115
	遺伝性膵炎	298
	遺伝性鉄芽球性貧血	286
う	ウィーバー症候群	175
	ウィリアムズ症候群	179
	ウィルソン病	171
	ウエスト症候群	145
	ウェルナー症候群	191
	ウォルフラム症候群	233
	ウルリッヒ病	29
え	HTRA1 関連脳小血管病	123
	HTLV-1 関連脊髄症	26
	ATR-X 症候群	180
	エーラス・ダンロス症候群	168
	エプスタイン症候群	287
	エプスタイン病	217
	エマヌエル症候群	204
	MECP2 重複症候群	339
	遠位型ミオパチー	30
お	黄色靭帯骨化症	68
	黄斑ジストロフィー	301
	大田原症候群	146
	オクシピタル・ホーン症候群	170
	オスラー病	227
か	カーニー複合	232
	海馬硬化を伴う内側側頭葉てんかん	141
	潰瘍性大腸炎	97
	下垂体性 ADH 分泌異常症	72
か	下垂体性ゴナドトロピン分泌亢進症	76
	下垂体性成長ホルモン分泌亢進症	77
	下垂体性 TSH 分泌亢進症	73
	下垂体性 PRL 分泌亢進症	74
	下垂体前葉機能低下症	78
	家族性高コレステロール血症（ホモ接合体）	79
	家族性地中海熱	266
	家族性低βリポタンパク血症 1（ホモ接合体）	336
	家族性良性慢性天疱瘡	161
	カナバン病	307
	化膿性無菌性関節炎・壊疽性膿皮症・アクネ症候群	269
	歌舞伎症候群	187
	ガラクトース -1- リン酸ウリジルトランスフェラーゼ欠損症	258
	カルニチン回路異常症	316
	肝型糖原病	257
	間質性膀胱炎（ハンナ型）	226
	環状 20 番染色体症候群	150
	完全大血管転位症	209
	眼皮膚白皮症	164
き	偽性副甲状腺機能低下症	236
	ギャロウェイ・モワト症候群	219
	球脊髄性筋萎縮症	1
	急速進行性糸球体腎炎	220
	強直性脊椎炎	271
	巨細胞性動脈炎	41
	巨大静脈奇形（頚部口腔咽頭びまん性病変）	279
	巨大動静脈奇形（頚部顔面または四肢病変）	280
	巨大膀胱短小結腸腸管蠕動不全症	100
	巨大リンパ管奇形（頚部顔面病変）	278
	筋萎縮性側索硬化症	2
	筋型糖原病	256
	筋ジストロフィー	113
く	クッシング病	75
	クリオピリン関連周期熱症候群	106
	クリッペル・トレノネー・ウェーバー症候群	281
	クルーゾン症候群	181
	グルコーストランスポーター 1 欠損症	248
	グルタル酸血症 1 型	249
	グルタル酸血症 2 型	250
	クロウ・深瀬症候群	16
	クローン病	96
	クロンカイト・カナダ症候群	289
け	痙攣重積型（二相性）急性脳症	129
	結節性硬化症	158
	結節性多発動脈炎	42
	血栓性血小板減少性紫斑病	64
	限局性皮質異形成	137
	原発性高カイロミクロン血症	262

け	原発性硬化性胆管炎	94
	原発性抗リン脂質抗体症候群	48
	原発性側索硬化症	4
	原発性胆汁性胆管炎	93
	原発性免疫不全症候群	65
	顕微鏡的多発血管炎	43
こ	高 IgD 症候群	267
	好酸球性消化管疾患	98
	好酸球性多発血管炎性肉芽腫症	45
	好酸球性副鼻腔炎	306
	抗糸球体基底膜腎炎	221
	後縦靱帯骨化症	69
	甲状腺ホルモン不応症	80
	拘束型心筋症	59
	高チロシン血症 1 型	241
	高チロシン血症 2 型	242
	高チロシン血症 3 型	243
	後天性赤芽球癆	283
	広範脊柱管狭窄症	70
	膠様滴状角膜ジストロフィー	332
	コケイン症候群	192
	コステロ症候群	104
	骨形成不全症	274
	5p 欠失症候群	199
	コフィン・シリス症候群	185
	コフィン・ローリー 症候群	176
	混合性結合組織病	52
さ	鰓耳腎症候群	190
	再生不良性貧血	60
	再発性多発軟骨炎	55
	左心低形成症候群	211
	サルコイドーシス	84
	三尖弁閉鎖症	212
	三頭酵素欠損症	317
し	CFC 症候群	103
	シェーグレン症候群	53
	色素性乾皮症	159
	自己貪食空胞性ミオパチー	32
	自己免疫性肝炎	95
	自己免疫性後天性凝固因子欠乏症	288
	自己免疫性溶血性貧血	61
	シトステロール血症	260
	シトリン欠損症	318
	紫斑病性腎炎	224
	脂肪萎縮症	265
	若年性特発性関節炎	107
	若年発症型両側性感音難聴	304
	シャルコー・マリー・トゥース病	10
	重症筋無力症	11
	修正大血管転位症	208
	ジュベール症候群関連疾患	177
	シュワルツ・ヤンペル症候群	33
	徐波睡眠期持続性棘徐波を示すてんかん性脳症	154
	神経細胞移動異常症	138
	神経軸索スフェロイド形成を伴う遺伝性びまん性白質脳症	125
	神経線維腫症	34
	神経有棘赤血球症	9
	進行性核上性麻痺	5
	進行性家族性肝内胆汁うっ滞症	338
	進行性骨化性線維異形成症	272
し	進行性多巣性白質脳症	25
	進行性白質脳症	308
	進行性ミオクローヌスてんかん	309
	心室中隔欠損を伴う肺動脈閉鎖症	214
	心室中隔欠損を伴わない肺動脈閉鎖症	213
す	スタージ・ウェーバー症候群	157
	スティーヴンス・ジョンソン症候群	38
	スミス・マギニス症候群	202
せ	脆弱 X 症候群	206
	脆弱 X 症候群関連疾患	205
	成人発症スチル病	54
	脊髄空洞症	117
	脊髄小脳変性症（多系統萎縮症を除く）	18
	脊髄髄膜瘤	118
	脊髄性筋萎縮症	3
	セピアプテリン還元酵素（SR）欠損症	319
	前眼部形成異常	328
	全身性アミロイドーシス	28
	全身性エリテマトーデス	49
	全身性強皮症	51
	先天異常症候群	310
	先天性横隔膜ヘルニア	294
	先天性核上性球麻痺	132
	先天性気管狭窄症／先天性声門下狭窄症	330
	先天性魚鱗癬	160
	先天性筋無力症候群	12
	先天性グリコシルホスファチジルイノシトール（GPI）欠損症	320
	先天性三尖弁狭窄症	311
	先天性腎性尿崩症	225
	先天性赤血球形成異常性貧血	282
	先天性僧帽弁狭窄症	312
	先天性大脳白質形成不全症	139
	先天性肺静脈狭窄症	313
	先天性副腎低形成症	82
	先天性副腎皮質酵素欠損症	81
	先天性ミオパチー	111
	先天性無痛無汗症	130
	先天性葉酸吸収不全	253
	前頭側頭葉変性症	127
	線毛機能不全症候群（カルタゲナー症候群を含む）	340
そ	早期ミオクロニー脳症	147
	総動脈幹遺残症	207
	総排泄腔遺残	293
	総排泄腔外反症	292
	ソトス症候群	194
た	第 14 番染色体父親性ダイソミー症候群	200
	ダイアモンド・ブラックファン貧血	284
	大脳皮質基底核変性症	7
	大理石骨病	326
	高安動脈炎	40
	多系統萎縮症	17
	タナトフォリック骨異形成症	275
	多発血管炎性肉芽腫症	44
	多発性硬化症／視神経脊髄炎	13
	多発性嚢胞腎	67
	多脾症候群	188
	タンジール病	261
	単心室症	210
	弾性線維性仮性黄色腫	166

た	胆道閉鎖症	296
ち	遅発性内リンパ水腫	305
	チャージ症候群	105
	中隔視神経形成異常症／ドモルシア症候群	134
	中毒性表皮壊死症	39
	腸管神経節細胞僅少症	101
て	TRPV4 異常症	341
	TNF 受容体関連周期性症候群	108
	低ホスファターゼ症	172
	天疱瘡	35
と	特発性拡張型心筋症	57
	特発性間質性肺炎	85
	特発性基底核石灰化症	27
	特発性血小板減少性紫斑病	63
	突発性血栓症（遺伝性血栓性素因によるものに限る）	327
	特発性後天性全身性無汗症	163
	特発性大腿骨頭壊死症	71
	特発性多中心性キャッスルマン病	331
	特発性門脈圧亢進症	92
	ドラベ症候群	140
な	中條・西村症候群	268
	那須・ハコラ病	174
	軟骨無形成症	276
	難治頻回部分発作重積型急性脳炎	153
に	22q11.2 欠失症候群	203
	乳幼児肝巨大血管腫	295
	尿素サイクル異常症	251
ぬ	ヌーナン症候群	195
ね	ネイルパテラ症候群（爪膝蓋骨症候群）／LMX1B 関連腎症	315
	ネフロン癆	335
の	脳クレアチン欠乏症候群	334
	脳腱黄色腫症	263
	脳内鉄沈着神経変性症	121
	脳表ヘモジデリン沈着症	122
	膿疱性乾癬（汎発型）	37
	嚢胞性線維症	299
は	パーキンソン病	6
	バージャー病	47
	肺静脈閉塞症／肺毛細血管腫症	87
	肺動脈性肺高血圧症	86
	肺胞蛋白症（自己免疫性または先天性）	229
	肺胞低換気症候群	230
	ハッチンソン・ギルフォード症候群	333
	バッド・キアリ症候群	91
	ハンチントン病	8
ひ	PCDH19 関連症候群	152
	非ケトーシス型高グリシン血症	321
	肥厚性皮膚骨膜症	165
	非ジストロフィー性ミオトニー症候群	114
	皮質下梗塞と白質脳症を伴う常染色体優性脳動脈症	124
	肥大型心筋症	58
	ビタミン D 依存性くる病／骨軟化症	239
	ビタミン D 抵抗性くる病／骨軟化症	238
	左肺動脈右肺動脈起始症	314
	ビッカースタッフ脳幹脳炎	128
	非典型溶血性尿毒症症候群	109
	非特異性多発性小腸潰瘍症	290
	皮膚筋炎／多発性筋炎	50
ひ	表皮水疱症	36
	ヒルシュスプルング病（全結腸型または小腸型）	291
ふ	VATER 症候群	173
	ファイファー症候群	183
	ファロー四徴症	215
	ファンコニ貧血	285
	封入体筋炎	15
	フェニルケトン尿症	240
	複合カルボキシラーゼ欠損症	255
	副甲状腺機能低下症	235
	副腎白質ジストロフィー	20
	副腎皮質刺激ホルモン不応症	237
	ブラウ症候群	110
	プラダー・ウィリ症候群	193
	プリオン病	23
	プロピオン酸血症	245
へ	閉塞性細気管支炎	228
	βーケトチオラーゼ欠損症	322
	ベーチェット病	56
	ベスレムミオパチー	31
	ペリー病	126
	ペルオキシソーム病（副腎白質ジストロフィーを除く）	234
	片側巨脳症	136
	片側痙攣・片麻痺・てんかん症候群	149
ほ	芳香族 L- アミノ酸脱炭酸酵素欠損症	323
	発作性夜間ヘモグロビン尿症	62
	ホモシスチン尿症	337
	ポルフィリン症	254
ま	マリネスコ・シェーグレン症候群	112
	マルファン症候群／ロイス・ディーツ症候群	167
	慢性炎症性脱髄性多発神経炎／多巣性運動ニューロパチー	14
	慢性血栓塞栓性肺高血圧症	88
	慢性再発性多発性骨髄炎	270
	慢性特発性偽性腸閉塞症	99
み	ミオクロニー欠神てんかん	142
	ミオクロニー脱力発作を伴うてんかん	143
	ミトコンドリア病	21
む	無虹彩症	329
	無脾症候群	189
	無βリポタンパク血症	264
め	メープルシロップ尿症	244
	メチルグルタコン酸尿症	324
	メチルマロン酸血症	246
	メビウス症候群	133
	メンケス病	169
も	網膜色素変性症	90
	もやもや病	22
	モワット・ウィルソン症候群	178
や	ヤング・シンプソン症候群	196
ゆ	遊走性焦点発作を伴う乳児てんかん	148
よ	4p 欠失症候群	198
ら	ライソゾーム病	19
	ラスムッセン脳炎	151
	ランドウ・クレフナー症候群	155
り	リジン尿性蛋白不耐症	252
	両大血管右室起始症	216
	リンパ管腫症／ゴーハム病	277
	リンパ脈管筋腫症	89
る	類天疱瘡（後天性表皮水疱症を含む）	162

る	ルビンシュタイン・テイビ症候群	102
れ	レーベル遺伝性視神経症	302
	レシチンコレステロールアシルトランスフェラーゼ欠損症	259
	レット症候群	156
れ	レノックス・ガストー症候群	144
ろ	ロスムンド・トムソン症候群	186
	肋骨異常を伴う先天性側弯症	273

2024年4月1日現在

図表 2-24　特定医療費（指定難病）助成対象となる介護保険サービス

〇訪問看護
〇訪問リハビリテーション
〇居宅療養管理指導
〇介護療養施設サービス
〇介護医療院サービス
〇介護予防訪問看護
〇介護予防リハビリテーション
〇介護予防居宅療養管理指導

図表 2-25　特定医療費（指定難病）助成制度の自己負担上限額（月額）

<table>
<tr><th rowspan="2">区分</th><th rowspan="2">区分の基準</th><th colspan="3">自己負担上限額（外来＋入院）（患者負担割合：2割）</th></tr>
<tr><th>一般</th><th>高額かつ長期</th><th>人工呼吸器装着者</th></tr>
<tr><td>上位所得</td><td>市町村民税25万1,000円以上</td><td>3万円</td><td>2万円</td><td rowspan="5">1,000円</td></tr>
<tr><td>一般所得 II</td><td>市町村民税7万1,000円以上25万1,000円未満</td><td>2万円</td><td>1万円</td></tr>
<tr><td>一般所得 I</td><td>市町村民税7万1,000円未満</td><td>1万円</td><td>5,000円</td></tr>
<tr><td>低所得 II</td><td>市町村民税非課税　本人収入80万円超</td><td>5,000円</td><td>5,000円</td></tr>
<tr><td>低所得 I</td><td>市町村民税非課税　本人収入80万円まで</td><td>2,500円</td><td>2,500円</td></tr>
<tr><td>生活保護</td><td>—</td><td>0円</td><td>0円</td><td>0円</td></tr>
</table>

上位所得・一般所得 I・IIの場合、入院時食事療養標準負担額（入院時の食事代）は280円になります。

3 障害者手帳

1 制度の目的

障害者手帳は、身体障害者手帳、療育手帳、精神障害者保健福祉手帳の3種の手帳を総称した呼称であり、心身に障害を有していることを示す証明書となります。障害者手帳を所持すると、「障害者の日常生活及び社会生活を総合的に支援するための法律（障害者総合支援法）」の対象となり、自治体や事業者等が提供する独自のサービス等を受けることができます。障害者の社会復帰と自立、社会参加の促進を図ることが目的となります。

制度の根拠となる法律はそれぞれ異なります（図表2-26）。

2 制度の概要

身体障害者手帳

「身体障害者福祉法施行規則」別表第5号に掲げる身体上の障害があり、一定の期間以上永続すると認められた人に交付されます。

等級は障害の種類によって分類され、程度により1～6級までの6区分が定められています。7級の障害は1つのみでは対象になりませんが、7級の障害が2つ以上重複する場合は6級等に認定されます。

療育手帳

児童相談所または知的障害者更生相談所において知的障害があると判定された人に交付されます。

各自治体において、判定基準等の運用方法を定めています。

精神障害者保健福祉手帳

初診日から6か月以降に、精神障害者保健福祉手帳障害等級判定基準によって、一定程度の精神障害の状態にある人に交付されます。精神疾患の状態と能力障害の状態の両面から総合的に判断され、1～3級までの等級があります。

3　申請に必要な書類

・申請書
・医師の診断書・意見書（様式あり）
・写真

身体障害者手帳は都道府県知事が指定した医師（指定医）による診断書・意見書の記載が必要です。

自治体によって必要書類が異なることがありますので、窓口へご確認ください。

4　申請窓口

申請窓口は、お住まいの市区町村の障害福祉を担当する窓口となります。

5　制度利用における注意事項

認知症の場合は、精神障害者保健福祉手帳の対象になることが多いですが（図表 2-27）、血管性認知症の場合、身体障害者手帳の対象になることもあります（図表 2-28）。

障害者手帳があると各種サービスの利用や、税金（図表 2-29）、公共料金の割引などを受けることができますが、手帳の取得は義務ではなく、個人の自由意思によるものです。手帳を持つことに抵抗がある方も少なからずおられますので、どのようなメリットがあるかを理解していただくことが重要です。

身体障害認定における障害固定の認定時期は自治体により異なるため、確認が必要です。

精神障害者保健福祉手帳には有効期限があり、2 年間となります。また申請・更新に際して、精神障害を事由とする障害年金を受給している場合は、年金を受けていることを証明する書類の写しがあれば、診断書は不要となります。

各自治体によって、対象、助成範囲は異なりますが、障害者手帳による医療費の助成が受けられる場合があります（図表 2-30）。

図表 2-26　**障害者手帳の種類**

	身体障害者手帳	療育手帳	精神障害者保健福祉手帳
根拠	身体障害者福祉法第 15 条	療育手帳制度について（昭和 48 年厚生事務次官通知）	精神保健及び精神障害者福祉に関する法律第 45 条
交付主体	都道府県知事 指定都市の市長 中核市の市長	都道府県知事 指定都市の市長 児童相談所を設置する中核市の市長	都道府県知事 指定都市の市長
等級	1 ～ 6 級	A・B 自治体によってはさらに独自で細分化しての運用あり	1 ～ 3 級
障害分類	視覚障害 聴覚・平衡機能障害 音声・言語・そしゃく障害 肢体不自由（上肢・下肢・体幹・脳原性） 心臓機能障害 じん臓機能障害 呼吸器機能障害 ぼうこう・直腸機能障害 小腸機能障害 HIV 免疫機能障害 肝臓機能障害	知的障害	統合失調症 気分（感情）障害 非定型精神病 てんかん 中毒精神病 器質性精神障害（高次脳機能障害を含む） 発達障害 その他の精神疾患

認知症は精神障害者保健福祉手帳の器質性精神障害に含まれます

血管性認知症で身体に麻痺などの障害が残存している場合や、失語症状がある場合は身体障害者手帳の対象になることもあります

図表 2-27　認知症の場合の精神障害者保健福祉手帳の該当の目安

障害等級		障害の状態	
		精神疾患（機能障害）の状態	能力障害（活動制限）の状態
1級	精神障害であって、日常生活の用を弁ずることを不能ならしめる程度のもの	器質性精神障害によるものにあっては、記憶障害、遂行機能障害、注意障害、社会的行動障害のいずれかがあり、そのうちひとつ以上が高度のもの	1　調和のとれた適切な食事摂取ができない 2　洗面、入浴、更衣、清掃等の身辺の清潔保持ができない 3　金銭管理能力がなく、計画的で適切な買い物ができない 4　通院・服薬を必要とするが、規則的に行うことができない 5　家族や知人・近隣等と適切な意思伝達ができない、協調的な対人関係を作れない 6　身辺の安全を保持したり、危機的状況に適切に対応できない 7　社会的手続きをしたり、一般の公共施設を利用することができない 8　社会情勢や趣味・娯楽に関心がなく、文化的社会的活動に参加できない 上記 1 ～ 8 のうち、いくつかに該当するもの
2級	精神障害であって、日常生活が著しい制限を受けるか、または日常生活に著しい制限を加えることを必要とする程度のもの	器質性精神障害によるものにあっては、記憶障害、遂行機能障害、注意障害、社会的行動障害のいずれかがあり、そのうちひとつ以上が中等度のもの	1　調和のとれた適切な食事摂取は援助なしにはできない 2　洗面、入浴、更衣、清掃等の身辺の清潔保持は援助なしにはできない 3　金銭管理能力がなく、計画的で適切な買い物は援助なしにはできない 4　通院・服薬を必要とするが、規則的に行うことは援助なしにはできない 5　家族や知人・近隣等と適切な意思伝達や協調的な対人関係づくりは援助なしにはできない 6　身辺の安全保持や危機的状況での適切な対応は援助なしにはできない 7　社会的手続きや一般の公共施設の利用は援助なしにはできない 8　社会情勢や趣味・娯楽に関心が薄く、文化的社会的活動への参加は援助なしにはできない 上記 1 ～ 8 のうち、いくつかに該当するもの
3級	精神障害であって、日常生活もしくは社会生活が制限を受けるか、または日常生活もしくは社会生活に制限を加えることを必要とする程度のもの	器質性精神障害によるものにあっては、記憶障害、遂行機能障害、注意障害、社会的行動障害のいずれかがあり、いずれも軽度のもの	1　調和のとれた適切な食事摂取は自発的に行うことができるが、なお援助を必要とする 2　洗面、入浴、更衣、清掃等の身辺の清潔保持は自発的に行うことができるが、なお援助を必要とする 3　金銭管理や計画的で適切な買い物はおおむねできるが、なお援助を必要とする 4　規則的な通院・服薬はおおむねできるが、なお援助を必要とする 5　家族や知人・近隣等と適切な意思伝達や協調的な対人関係づくりはなお十分といえず不安定である 6　身辺の安全保持や危機的状況での対応はおおむね適切であるが、なお援助を必要とする 7　社会的手続きや一般の公共施設の利用はおおむねできるが、なお援助を必要とする 8　社会情勢や趣味・娯楽に関心はあり、文化的社会的活動にも参加するが、なお十分とはいえず援助を必要とする 上記 1 ～ 8 のうち、いくつかに該当するもの

資料：厚生労働省「精神障害者保健福祉手帳障害等級判定基準」より作成

図表 2-28　血管性認知症（脳血管障害）の場合の身体障害者手帳の該当の目安

	肢体不自由			音声機能、言語機能またはそしゃく機能の障害
	上肢	下肢	体幹	
1 級	両上肢の機能を全廃したもの	両下肢の機能を全廃したもの	体幹の機能障害により座っていることができないもの	
2 級	両上肢の機能の著しい障害 一上肢の機能を全廃したもの	両下肢の機能の著しい障害	体幹の機能障害により座位または起立位を保つことが困難なもの 体幹の機能障害により立ち上がることが困難なもの	
3 級	両上肢のおや指およびひとさし指の機能を全廃したもの 一上肢の機能の著しい障害 一上肢のすべての指の機能を全廃したもの	一下肢の機能を全廃したもの	体幹の機能障害により歩行が困難なもの	音声機能、言語機能またはそしゃく機能の喪失
4 級	一上肢の肩関節、肘関節または手関節のうち、いずれか一関節の機能を全廃したもの 一上肢のおや指およびひとさし指の機能を全廃したもの おや指またはひとさし指を含めて一上肢の三指の機能を全廃したもの おや指またはひとさし指を含めて一上肢の四肢の機能の著しい障害	両下肢のすべての指の機能を全廃したもの 一下肢の機能の著しい障害 一下肢の股関節または膝関節の機能を全廃したもの		音声機能、言語機能またはそしゃく機能の著しい障害
5 級	一上肢の肩関節、肘関節または手関節のうち、いずれか一関節の機能の著しい障害 一上肢のおや指の機能を全廃したもの 一上肢のおや指およびひとさし指の機能の著しい障害 おや指またはひとさし指を含めて一上肢の三指の機能の著しい障害	一下肢の股関節または膝関節の著しい障害 一下肢の足関節の機能を全廃したもの	体幹の機能の著しい障害	
6 級	一上肢のおや指の機能の著しい障害 ひとさし指を含めて一上肢の二指の機能を全廃したもの	一下肢の足関節の機能の著しい障害		
7 級	一上肢の機能の軽度の障害 一上肢の手指の機能の軽度の障害 ひとさし指を含めて一上肢の二指の機能の著しい障害 一上肢のなか指、くすり指および小指の機能を全廃したもの	両下肢のすべての指の機能の著しい障害 一下肢の機能の軽度の障害 一下肢の股関節、膝関節または足関節のうち、いずれか一関節の機能の軽度の障害 一下肢のすべての指の機能を全廃したもの		
備考	1　同一の等級について 2 つの重複する障害がある場合は、一級うえの級とする。ただし、2 つの重複する障害が特に本表中に指定せられているものは、該当等級とする。 2　肢体不自由においては、7 級に該当する障害が 2 以上重複する場合は、6 級とする。 3　異なる等級について 2 つ以上の重複する障害がある場合については、障害の程度を勘案して当該等級より上位の等級とすることができる。			

資料：厚生労働省「身体障害者福祉法施行規則別表第 5 号」より一部抜粋

図表 2-29　障害者の税金控除の例

障害者※1本人が受けられる特例		
特例の区分	**障害者**	**特別障害者**
所得税の障害者控除	27 万円を控除	40 万円を控除
相続税の障害者控除	障害者が 85 歳に達するまでの年数 1 年につき 10 万円を控除	障害者が 85 歳に達するまでの年数 1 年につき 20 万円を控除
贈与税の非課税	精神に障害がある方については、信託受益権の価額のうち 3,000 万円まで→非課税	信託受益権の価額のうち 6,000 万円まで→非課税
心身障害者扶養共済制度に基づく給付金の非課税	給付金→非課税（所得税） 相続や贈与による給付金を受ける権利の取得→非課税（相続税・贈与税）	
少額貯蓄の利子等の非課税	350 万円までの預貯金等の利子等→非課税（所得税）	

障害者を扶養している人（同一生計配偶者※2または扶養親族）が受けられる特例	
区分	**控除額**
障害者	27 万円
特別障害者	40 万円
同居特別障害者	75 万円

※2　同一生計配偶者とは、居住者と生計を一にする配偶者（青色申告者の事業専従者として給与の支払を受ける人および白色申告者の事業専従者を除く）で、合計所得金額が 48 万円以下である人（例えば、パート収入が 103 万円以下でほかに所得がない人）をいう。

※1　障害者とは、次に掲げるような心身に障害のある人をいう。
　イ　精神上の障害により事理を弁識する能力を欠く常況にある人（特別障害者）
　ロ　精神保健指定医などにより知的障害者と判定された人（重度の知的障害者と判定された場合は特別障害者）
　ハ　精神障害者保健福祉手帳の交付を受けている人（障害等級が 1 級の場合は特別障害者）
　ニ　身体障害者手帳に身体上の障害がある者として記載されている人（障害の程度が 1 級または 2 級の場合は特別障害者）
　ホ　戦傷病者手帳の交付を受けている人（障害の程度が恩給法に定める特別項症から第 3 項症までの場合は特別障害者）
　ヘ　原子爆弾被爆者で厚生労働大臣の認定を受けている人（特別障害者）
　ト　常に就床し、複雑な介護を受けなければならない人（特別障害者）
　チ　精神または身体に障害のある 65 歳以上の方で、その障害の程度がイ、ロまたはニに掲げる方に準ずるものとして市町村長、特別区の区長や福祉事務所長の認定を受けている人（イ、ロまたはニに掲げる方のうち特別障害者となる人に準ずるものとして市町村長等の認定を受けている人は特別障害者）

出典：国税庁「障害者と税」を一部改変
https://www.nta.go.jp/publication/pamph/koho/kurashi/html/03_2.htm

図表 2-30　障害者医療費助成制度の例

市町村	名称	対象	助成内容
東京都	心身障害者医療費助成制度	身体障害者手帳 1・2 級 （内部障害は 3 級も含む） 愛の手帳（療育手帳）1・2 度 精神障害者保健福祉手帳 1 級	自己負担 1 割 市町村民税課税：外来　1 万 8,000 円／月 入院　5 万 7,600 円／月 いずれも年間の上限額あり 市町村民税非課税：外来・入院とも負担なし
大阪市	重度障がい者医療費助成制度	身体障がい者手帳 1 級・2 級 療育手帳 A（重度） 身体障がい者手帳 3 級から 6 級の交付を受けかつ療育手帳 B1（中度） 精神障がい者保健福祉手帳 1 級 難病法の助成対象者および特定疾患医療受給者のうち、障がい年金 1 級（9 号）相当または特別児童扶養手当 1 級（9 号）相当の児童	1 医療機関、薬局、訪問看護ステーションごとに 1 日最大 500 円の自己負担 同一医療機関であっても、「入院」「外来」および「医科」「歯科」は別計算
名古屋市	障害者医療費助成制度	身体障害者手帳 1 ～ 3 級 （じん臓機能障害は 1 ～ 4 級、進行性筋萎縮症の人は 1 ～ 6 級も含む） 精神障害者保健福祉手帳 1・2 級 知能指数が 50 以下と判定 医師に自閉症と診断 特定医療費受給者証（指定難病）を持ち、日常生活が著しい制限を受けると医師が証明	自己負担なし

注 1：65 歳以上の場合は、後期高齢者医療保険の加入が条件になる場合があります。
注 2：自立支援医療制度や特定医療費（指定難病）助成制度が受けられる場合は、利用できない場合があります。

④ 生活保護制度

1 制度の目的

生活が困窮し、最低限度の生活を維持していくことが困難である世帯を対象に、その困窮の程度に応じた必要な保護を行うことで、最低限度の生活を保障し、自立した生活を取り戻していくことを目的とした制度です。

2 制度の対象者と軽減の対象となる費用

経済的に自立した生活が困難であり、利用し得る資産（預貯金や不動産等）や能力（就労）、その他あらゆるもの（年金や他の制度による給付等）を活用しても最低限度の生活を維持することが難しく、親族等から援助を受けることができない状態にある（要保護世帯）と福祉事務所長が認めた場合に利用することができます。「最低限度の生活」の基準は、厚生労働大臣が定める生活保護基準と、当該世帯の事情などを勘案して算定された最低生活費（図表 2-31）であり、それを満たすことができない不足分について、図表 2-32 に示す 8 つの扶助が現金または現物で行われます。

なお、生活保護制度における最低生活費やそれに基づき支給される扶助の基準は、地域における生活様式や物価差による生活水準の差がみられる実態を踏まえ、地域差が設けられています。これを「級地制度」といい、市区町村単位で「1 級地 -1」から「3 級地 -2」までの 6 区分のいずれかが指定され、級地ごとに異なる基準額が定められています。

3 申請に必要な書類

生活保護の申請には、下記の申請書類と添付資料（世帯全員分）の提出が必要です。

申請書類

・生活保護申請書

・同意書
・収入申告書
・資産申告書
・地代・家賃証明書
・扶養義務者に関する届出書　など

添付書類

・通帳
・健康保険証
・収入関係書類（年金関係書類、給与明細など）
・資産関係書類（不動産関係書類、生命保険証書、自動車関係書類）
・公的制度関係書類（身体障害者手帳、精神障害者保健福祉手帳、療育手帳など）　など

お住まいの市区町村によって必要書類が異なることがありますので、担当窓口へご確認ください。

4　申請窓口

申請窓口は、お住まいの市区町村の担当窓口となります。

申請手順

①　お住まいの市町村の担当窓口に申請する。
②　ケースワーカーが家庭訪問し、申請者（世帯全員）の生活状況や収入・資産状況などを調査します。また、金融機関などに預貯金や借入などの資産調査を行い、住民票や戸籍謄本などを基に親族に対して扶養調査をします。
③　審査の結果、この制度の対象となった場合は「生活保護受給者証」の交付を受けます。

5　制度利用における注意事項

生活保護の開始日は、原則として申請日となります。申請日以前から、生活保護の適用基準に該当していたとしても、その期間は保護対象外となります。

お住まいの市区町村の担当窓口で発行される「医療券」「調剤券」を使用して医療サービスを自己負担なしで受けることができるのは、指定医療機関や指

定薬局のみです。対象となる医療機関は、お住まいの市区町村の担当窓口などに事前にご確認ください。

図表 2-31　最低生活費の計算方法

生活扶助

生活扶助基準（第 1 類）× 逓減率＋生活扶助基準（第 2 類）＋特例加算＋生活扶助本体における経過的加算

※生活扶助基準（第 1 類）：飲食物費や被服費等の個人的経費（年齢と給地を基に算定）
逓減率：世帯人員数に応じて算定
生活扶助基準（第 2 類）：光熱水費や家具什器費等の世帯共通的経費（世帯人員数を基に算定）
ただし、冬季には地区別に冬季加算が別途計上
特例加算：世帯人員 1 人あたり月額 1,000 円（2025 年 3 月まで）
生活扶助本体における経過的加算：2023 年 9 月以前の生活扶助の金額よりも減額となる世帯は、その減額分を保障（2025 年 3 月まで）

＋

加算

障害者加算、母子加算、児童養育加算

※該当者がいるときだけ、その分を加える。
妊産婦などがいる場合は、別途妊産婦加算等がある。
児童とは、18 歳になる日以降の最初の 3 月 31 日までの者。
障害者加算と母子加算は原則併給できない。

＋

その他の扶助等

住宅扶助、教育扶助、介護扶助、医療扶助、出産扶助、生業扶助（高等学校等就学費等）、葬祭扶助

図表 2-32　生活保護制度の 8 つの扶助

扶助の種類		給付方法
生活扶助	日常生活に必要な費用（食費、被服費、光熱費等）	現金給付
住宅扶助	アパート等の家賃、住宅を維持するのに必要な小規模な補修費	現金給付
教育扶助	義務教育を受けるために必要な費用（学用品費、給食費、通学用品費等）	現金給付
医療扶助	医療保険に準じた医療サービスの費用、通院のための移送費など	現物給付（医療券・調剤券）
介護扶助	介護保険に準じた介護サービスの費用、福祉用具、住宅改修に係る費用など	現物給付（介護券）
出産扶助	分娩等の出産に係る費用	現物給付
生業扶助	高等学校等での就学、就労に必要な費用（高等学校等就学費、技能修得費、就職支度費、新規就労者の通勤費等）	現金給付
葬祭扶助	葬祭に係る費用	現金給付

5 境界層該当（介護保険制度）

1 制度の目的

介護保険制度における保険料の支払いや、介護保険サービスの利用に伴う費用などの支払いに際して、本来の所得段階に応じた保険料や自己負担額を支払うことで生活保護基準（最低生活費）を下回る人に、本来よりも低い基準に基づく保険料や自己負担額などを適用することで、経済的負担を軽減させる制度です。

2 制度の対象者

生活保護を申請している、あるいは生活保護を受けている人のうち、「境界層該当措置を受ければ生活保護を必要としない」と、福祉事務所長が認め、「境界層該当証明書」を交付された方が対象となります。

対象となるもの

福祉事務所から交付された「境界層該当証明書」に記載された金額（生活保護を必要としない状態になるまで軽減・免除すべき金額）が0円以下になるまで、図表2-33の第一段階から第五段階の順番で措置を講じます。

具体的には第一段階として、介護保険料の滞納により1割の利用者負担が3割となっている場合は1割に戻して、最低生活費との差分を計算します。そして、それによっても生活保護基準を下回る場合には利用しているさまざまなサービスの負担限度額を低い限度（上限）額へ変更し、第五段階では介護保険料を減額するといった措置を適用します。

なお、境界層該当は「境界層該当証明書」が交付されることとなった生活保護の却下に係る申請日、または生活保護が廃止された日の属する月の初日にさかのぼって有効となります。

3　申請に必要な書類

・境界層該当証明書
・介護保険境界層措置適用申請書

お住まいの市区町村によって必要書類が異なることがありますので、担当窓口へご確認ください。

4　申請窓口

申請窓口は、お住まいの市区町村の担当窓口（生活保護および介護保険担当窓口）となります。

申請手順

① 市区町村の担当窓口（生活保護担当窓口）に生活保護を申請する。
② 生活保護が却下、または廃止になり、市区町村の担当窓口から「保護申請却下（または廃止決定）通知書」と「境界層該当証明書」などの交付を受ける。
③ 「境界層該当証明書」を介護保険担当窓口に提出し、境界層該当による減免申請の手続きを行う。

5　制度利用における注意事項

境界層該当には、有効期限があります。境界層該当が適用された日が属する年度の翌年度７月末まで（ただし、適用された日が４月から７月の場合には、当該年度の７月末まで）となりますので、継続を希望する場合には毎年度申請が必要です。

6　障害者総合支援法による境界層該当

境界層該当には、上述した介護保険制度に係る経済的負担の軽減のほかに、障害者・障害児を対象とした「障害者の日常生活及び社会生活を総合的に支援するための法律（障害者総合支援法）」に基づく制度も設けられています。「障害者総合支援法」による境界層該当も同様に、障害福祉サービスや自立支援医療制度等の利用に伴う費用などの支払いに際して、本来よりも低い基準で自己負担額などを適用することで、生活保護受給に至らない場合に経済的負担を軽減させる制度です。

生活保護を申請している、あるいは生活保護を受けている人のうち、「境界層該当を受ければ生活保護を必要としない」と、福祉事務所長が認め、「境界層該当証明書」を交付された方に対して、図表 2-34 の順番で措置を講じることで、生活保護を必要としない状態になるまで費用負担を軽減･免除させます。

申請窓口は、お住まいの市区町村の担当窓口（生活保護および障害福祉の担当窓口）です。先述の介護保険制度の境界層該当と同様に、生活保護が却下、または廃止になり、市区町村の担当窓口から交付を受けた「境界層該当証明書」などを、障害福祉の担当窓口に提出し、境界層該当による減免申請の手続きを行います。

図表 2-33　**介護保険法に基づく境界層該当措置の優先順位**

第一段階

介護保険料の滞納があっても、保険給付の減額や高額介護サービス費等の不支給（「介護保険法」第 69 条第 1 項）を行わない

↓

第二段階

介護保険施設サービス（特定介護サービス、特定介護予防サービス）等に係る居住費・滞在費の負担限度額を保護を必要としなくなる段階まで引き下げる

↓

第三段階

介護保険施設サービス（特定介護サービス、特定介護予防サービス）等に係る食費の負担限度額を保護を必要としなくなる段階まで引き下げる

↓

第四段階

高額介護サービス費等を算出する際の負担上限額を、保護を必要としなくなる段階まで引き下げる

↓

第五段階

介護保険料を本来の所得段階に基づく金額から、保護を必要としなくなる段階まで引き下げる

図表 2-34　**障害者総合支援法に基づく境界層該当措置の優先順位**

第一段階

障害福祉サービスに係る定率負担の上限額を保護を必要としなくなる段階まで引き下げる

↓

第二段階

障害福祉の入所施設サービスに係る食費等の実費負担額を保護を必要としなくなるまで引き下げる

↓

第三段階

自立支援医療制度に係る定率負担の上限額を保護を必要としなくなる段階まで引き下げる

↓

第四段階

自立支援医療制度における食費の実費負担額を保護を必要としなくなるまで引き下げる

↓

第五段階

補装具利用に係る定率負担の上限額を保護を必要としなくなる段階まで引き下げる

6 障害者ホームヘルプサービス利用者に対する支援措置事業

1 制度の目的

ホームヘルプサービス事業を利用していた低所得（定率負担額：0円）の障害のある人が、介護保険制度の適用後も訪問介護等（訪問介護や夜間対応型訪問介護、第1号訪問事業のうち介護予防訪問介護に相当する事業）のサービスを経済負担なく継続的に利用できるようにするための制度です。

2 制度の対象者

「障害者の日常生活及び社会生活を総合的に支援するための法律（障害者総合支援法）」によるホームヘルプサービス（居宅介護のうち身体介護および家事援助）の利用において、境界層該当として定率負担額が0円となっている人で、2006（平成18）年4月1日以降に次のいずれかに該当することとなった人が対象となります（図表2-35）。

・65歳到達以前のおおむね1年間に障害者施策によるホームヘルプサービス（居宅介護のうち身体介護および家事援助）を利用していた人で、65歳になったことにより介護保険の対象者となった人
・加齢に伴う疾病（16の特定疾病（図表2-7））により身体上または精神上の障害が生じ、それが原因で要介護または要支援の状態となった40歳から64歳までの人

3 申請に必要な書類

・訪問介護等利用者負担額減額申請書

お住まいの市区町村によって必要書類が異なることがありますので、担当窓口へご確認ください。

4 申請窓口

申請窓口は、お住まいの市区町村の担当窓口（介護保険担当窓口）となります。

申請手順

① 市区町村の担当窓口（介護保険担当窓口）に申請する。
② この制度の対象となった場合は、訪問介護等利用者負担額減額認定証が発行される。
③ 訪問介護等利用者負担額減額認定証を訪問介護等の介護サービス事業者に提示する。

5 制度利用における注意事項

社会福祉法人等による生計困難者等に対する介護保険サービスに係る利用者負担額軽減制度事業[p.62]よりもこの制度の方が優先されますので、訪問介護等の利用の場合には、この制度を先に申請します。

対象になる人の所得状況の確認については、毎年8月に「障害者総合支援法」における境界層該当の確認等、必要な認定が行われます。この制度の対象外となった人は、翌年度以降も本事業の対象となりません。

図表 2-35 **障害者ホームヘルプサービス利用者に対する支援措置事業の対象となる人**

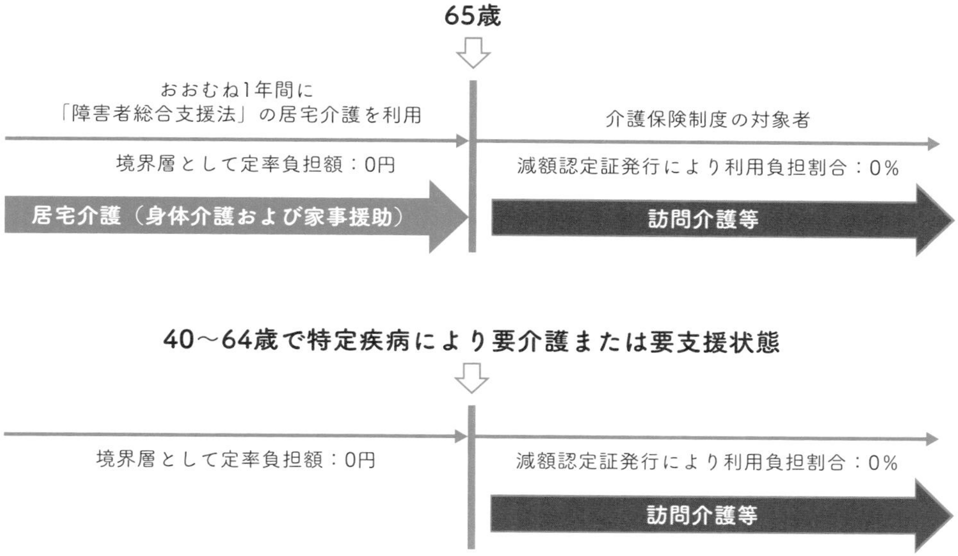

7 社会福祉法人等による生計困難者等に対する介護保険サービスに係る利用者負担額軽減制度事業

1 制度の目的

低所得で生計が困難な人や生活保護受給者を対象に、介護保険サービスの提供を行う社会福祉法人等が利用料の軽減を行い、必要な介護保険サービスの利用促進を行う制度です。

2 制度の対象者と軽減の対象となる費用

低所得で生計が困難な人と生活保護受給者となっています。「低所得で生計が困難な人」とは、市町村民税非課税世帯であり、5つの要件（図表2-36）すべてに該当する人のうち、その人の収入や世帯の状況、利用者負担等を総合的に勘案し、生計が困難な人として市区町村が認めた人となります。

軽減の対象となる費用は、図表2-37に示した介護サービスに係る利用者負担額ならびに食費、居住費（滞在費）および宿泊費に係る利用者負担額になります。指定地域密着型介護老人福祉施設（指定地域密着型特別養護老人ホーム）および指定介護老人福祉施設（指定特別養護老人ホーム）については、食費および居住費が介護保険の給付の対象外となっているため、これらの利用者負担を含めて軽減されます。

軽減の程度は、低所得で生計が困難な人は利用者負担額（自己負担分）や食費、居住費（滞在費）が原則利用者負担の4分の1（老齢福祉年金受給者は2分の1）です。なお、生活保護受給者については、居住費（滞在費）の全額が免除となります（利用者負担額や食費は生活保護制度の対象となります）。

3 申請に必要な書類

・社会福祉法人等利用者負担軽減対象確認申請書
・収入状況等申告書

お住まいの市区町村によって必要書類が異なることがありますので、担当窓口へご確認ください。

4　申請窓口

申請窓口は、お住まいの市区町村の担当窓口（生活保護および介護保険の担当窓口）となります。

申請手順

① お住まいの市区町村の担当窓口（生活保護および介護保険の担当窓口）に申請する。

② 審査の結果、この制度の対象となった場合は「社会福祉法人等利用者負担軽減確認証」の交付を受ける。

③「社会福祉法人等利用者負担軽減確認証」を介護サービス事業所に提示する。

5　制度利用における注意事項

障害者ホームヘルプサービス利用者に対する支援措置事業［p.60］が優先されますので、対象となる人は先にその制度の申請を行ってください。また、この制度の対象者の範囲は市区町村により拡大されている場合がありますので、お住まいの市区町村の担当窓口でご相談ください。

この制度は、市区町村に申し出を行っている社会福祉法人等が運営する介護サービス事業所のみが対象となります。対象となる事業所はお住まいの市区町村の担当窓口や地域包括支援センター、居宅介護支援事業所などに事前に確認することが必要です。

図表 2-36　**社会福祉法人等による生計困難者等に対する介護保険サービスに係る利用者負担額軽減制度事業における対象者の要件**

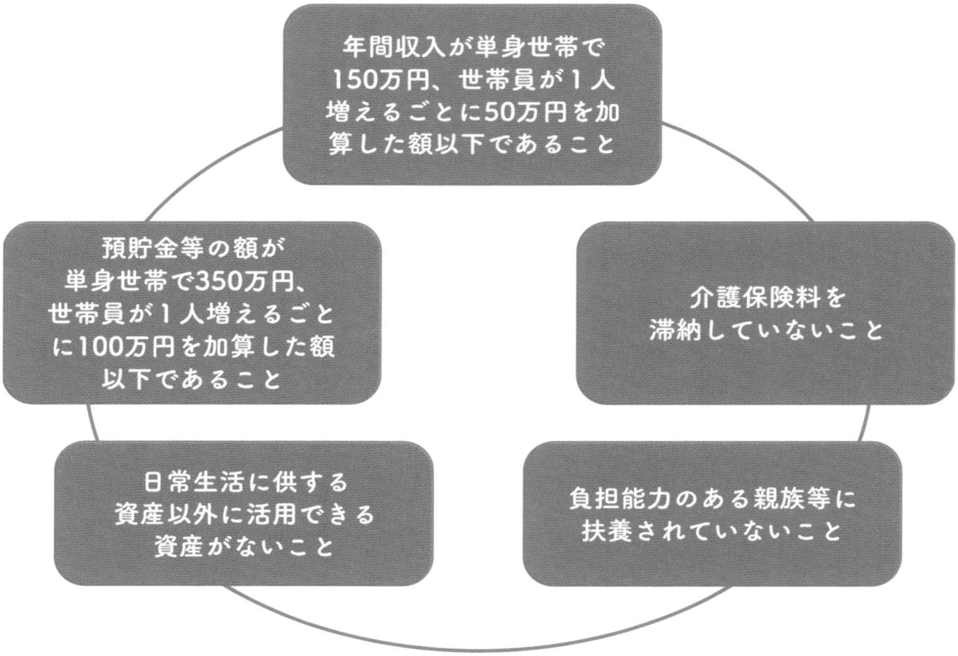

資料：「社会福祉法人等による生計困難者等に対する介護保険サービスに係る利用者負担額軽減制度事業実施要綱」

図表 2-37　**社会福祉法人等による生計困難者等に対する介護保険サービスに係る利用者負担額軽減制度事業における軽減の対象サービス等**

- 第１号訪問事業（介護予防・日常生活支援総合事業における訪問型サービス）のうち介護予防訪問介護に相当する事業
- 第１号通所事業（介護予防・日常生活支援総合事業における通所型サービス）のうち介護予防通所介護に相当する事業

- 訪問介護
- 通所介護
- 短期入所生活介護
- 定期巡回・随時対応型訪問介護看護
- 夜間対応型訪問介護
- 地域密着型通所介護
- 認知症対応型通所介護
- 小規模多機能型居宅介護
- 地域密着型介護老人福祉施設入所者生活介護
- 複合型サービス
- 介護福祉施設サービス
- 介護予防短期入所生活介護
- 介護予防認知症対応型通所介護
- 介護予防小規模多機能型居宅介護

資料：「社会福祉法人等による生計困難者等に対する介護保険サービスに係る利用者負担額軽減制度事業実施要綱」

COLUMN 3

介護保険サービスと障害福祉サービスの適用関係

介護保険サービスは原則、障害福祉サービスよりも優先されることになっていますが、65歳以上で介護保険の要支援・要介護認定で非該当になった場合や、40歳以上64歳以下で16の特定疾病（図表2-7）に該当していても、生活保護受給者の場合は障害福祉サービスが優先されることとなっています。また、障害福祉サービスにはあって介護保険サービスにはないサービス（重度訪問介護や行動援護、同行援護、自立訓練のうち機能訓練と生活訓練、就労移行支援、就労定着支援、就労継続支援、移動支援、居宅介護のうち視覚障害者への書類の代読や代筆等）は利用することができます。

厚生労働省は、2023（令和5）年6月30日に事務連絡として「障害者の日常生活及び社会生活を総合的に支援するための法律に基づく自立支援給付と介護保険制度の適用関係等に係る留意事項及び運用の具体例等について」を各都道府県・指定都市・中核市障害保健福祉主管部（局）宛に通知をしました。この通知では、介護保険の被保険者となった障害者から障害福祉サービスの利用に関する申請があった際には、個別のケースに応じた対応を行うこと、障害福祉サービスに相当する介護保険サービスによって必要な支援を受けることが可能であると判断されても、「介護保険法」の規定による保険給付が受けられない場合や介護保険サービスの支給量・内容では十分なサービスが受けられない場合には介護給付費等を支給すること等が示されています。さらに、具体的な運用例（図表2-38）を示し、市区町村への対応を促しています。

障害福祉サービスは応能負担であり、軽減措置が設けられています（図表2-16）。必要なサービスを導入しやすくなりますので、適用関係を十分に把握しておくことが大事です。

図表 2-38　**障害福祉サービスの具体的な運用例**

居宅介護・重度訪問介護	個々の障害者の障害特性を考慮し、介護保険の訪問介護の支給限度額では必要な支給量が不足する場合に、当該不足分について居宅介護または重度訪問介護の利用を認める。 個々の障害者の障害特性を考慮し、介護保険の訪問介護の支給対象とならない支援内容や時間（例えば、家事援助として認められる範囲の違いや、日常生活に生じるさまざまな介護の事態に対応するための見守りなど）が必要と認められる場合に、介護保険の訪問介護の支給とは別に居宅介護または重度訪問介護の利用を認める。
自立訓練（機能訓練）	個々の障害者の障害特性を考慮し、介護保険の通所介護等では提供できない支援内容（例えば、白杖を用いた歩行訓練や意思疎通に困難を生じた場合の訓練等）が必要と認められる場合には、65 歳以降も引き続き、自立訓練（機能訓練）の利用を認める。
共同生活援助	個々の障害者の状況等から見て必要と認められる場合には、65 歳以降も引き続き共同生活援助の利用を認める。なお、当該障害者の要介護度等に応じて、認知症グループホームや特別養護老人ホーム等への入居・入所を検討することが望ましい場合も想定される。

資料：厚生労働省「障害者の日常生活及び社会生活を総合的に支援するための法律に基づく自立支援給付と介護保険制度の適用関係等に係る留意事項及び運用の具体例等について（2023 年 6 月 30 日事務連絡）」

第3節

収入源の確保のための社会保障制度

この節では、認知症のために収入減となった場合に、収入源を確保するための制度の概要について紹介します。

傷病手当金（医療保険）は、被用者保険の被保険者が認知症と診断されて間もない時期に有効な所得保障の制度です。一方、障害年金は傷病手当金が短期的な所得保障の制度であるのに対して長期的に所得保障を行う制度といえます。障害年金は、初診日の年金加入や障害認定日、障害認定基準など大変複雑難解な制度ですが、若年性認知症のある人の生活を支える不可欠な制度です。

雇用保険は離職後に有効な制度であり、近年の法改正により、認知症は就職困難者と判断されることにより給付の可能性があります。また、雇用保険には家族介護者の介護休業を支える制度も設けられていますので、家族を1単位とした経済的支援に有用な制度といえます。

特別障害者手当は社会手当のひとつです。所得制限があるものの、この手当の支給対象となれば介護サービスの自己負担分等を補塡できますので、対象者には積極的に申請していただきたい制度といえます。

国民年金保険料の免除制度は、認知症のある人だけではなく同居家族も含めて検討することで、支出を抑えることができます。そして、年金生活者支援給付金制度は年金に一定金額を上乗せして支給する制度であり、その額は僅少ですが年金収入のみで生活する認知症のある人にとっては生活を支える重要な制度といえます。

以上のように、収入源の確保のための社会保障制度は多岐にわたっており、経済的支援を行う人には横断的な制度活用が期待されます。

1 傷病手当金（医療保険）

1 制度の目的

「健康保険法」第 99 条に規定され、健康保険に加入する方が、仕事以外での病気やけがのために会社を休み、事業主から十分な報酬が受けられない場合に支給されます。病気休業中の被保険者とその家族の生活を保障する制度です。

2 制度の概要

被保険者が病気やけがのために働くことができず、会社を休んだ日が連続して 3 日間（待期期間）あったうえで、4 日目以降の休んだ日に対して支給されます（図表 2-39）。

支給期間

病気やけがで休んだ期間のうち、最初の 3 日を除き、4 日目から支給され、通算 1 年 6 か月間となります（図表 2-40）。

支給額

1 日あたりの支給額：

直近 12 か月の標準報酬月額を平均した額の 30 分の 1 に相当する額（標準報酬日額）の 3 分の 2 に相当する額になります。

$$\frac{\text{直近 12 か月の標準報酬月額を平均した額}}{30} \times \frac{2}{3}$$

※共済保険および国民健康保険組合は別途支給額が設定されています。

以下の場合は、傷病手当金の支給額の一部または全額が調整されます。

・給与の支払いがあった場合

給与の支払いがあっても傷病手当金の日額より少ない場合は、差額が支給されます。

・同一の傷病等による障害厚生年金または障害手当金を受給している場合

障害厚生年金の額（同一支給事由の障害基礎年金は合算）の 360 分の 1 が傷病手当金の日額より少ない場合は差額が支給されます。

・老齢退職年金を受給している場合
・労災保険から休業補償給付を受けている（受けていた）場合
・出産手当金を同時に受けられる場合

3　申請に必要な書類

・健康保険傷病手当金支給申請書
本人以外にも、事業主・医師の記載が必要な項目が含まれます。

4　申請窓口

加入している健康保険の窓口（図表 2-1）になります。会社を通じて申請する場合もありますので、担当の部署にご確認ください。

5　制度利用における注意事項

被用者保険は会社で加入する社会保険（協会けんぽ、各健康保険組合）であり、市区町村等の窓口で加入する国民健康保険とは別の制度になり、国民健康保険には原則として傷病手当金がありません。「国民健康保険法」第 58 条第 2 項には、任意で傷病手当金の制度を設けることができるとあり、一部の国民健康保険組合等では傷病手当金の制度が設定されています（医師国保組合や建設国保組合など）。

支給条件となる待期期間は、会社が休みの土日祝日など、有給休暇であってもかまいません。また、土日や会社休日であっても支給の対象となります。

被保険者の資格を喪失した日（退職など）の前日までに継続して 1 年以上の被保険者であり、資格喪失時に傷病手当金を継続して受給している場合は、資格喪失後も、被保険者として受けることができる期間を継続して受給できます。ただし、退職日に出勤した場合は、継続給付を受ける条件を満たさないため資格喪失後（退職日の翌日）以降の給付は受けられません。

退職後に傷病手当金を継続して受給する場合は、雇用保険の基本手当の同時受給ができませんので、基本手当の受給期間を延長する（最大離職の翌日から 4 年以内）手続きを行いましょう。

図表 2-39　**待期期間（3日間）の考え方**

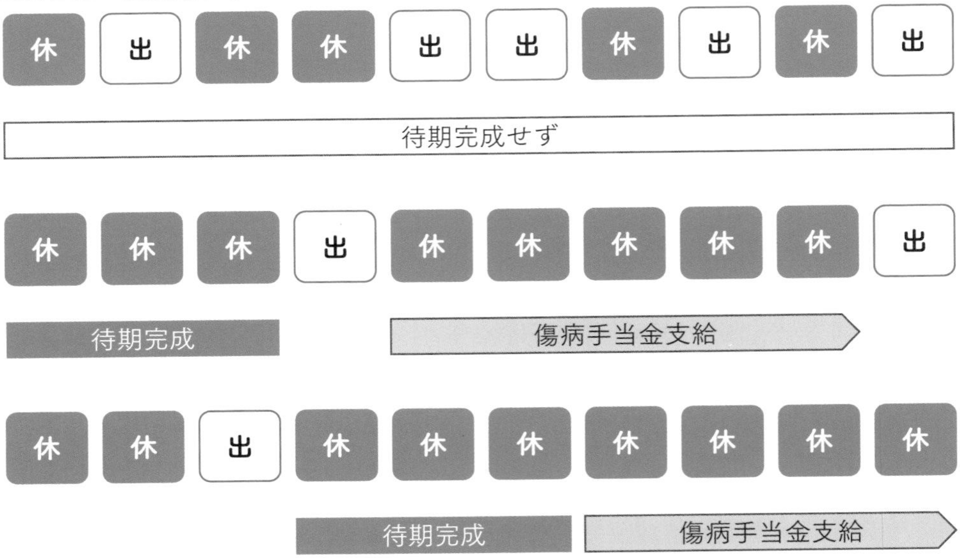

注：待期期間は有休・公休（土・日・祝日）も含みます。

図表 2-40　**支給期間の考え方**

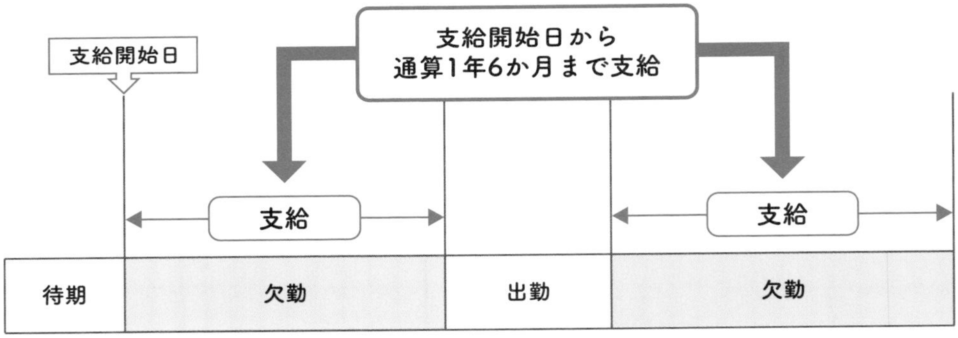

2 障害年金

1 制度の目的

65歳未満に発症した病気やけがによって、日常生活能力や労働能力などが制限されるような障害の状態になった場合、生活の安定を図るために、一定の所得保障を目的として給付されます。

2 制度の概要

障害年金には「障害基礎年金」と「障害厚生年金」があり、病気やけがで初めて医師の診察を受けた時に国民年金に加入していた場合は「障害基礎年金」、厚生年金に加入していた場合は「障害厚生年金」を請求できます（図表2-41, 2-42, 2-43）。

障害基礎年金

国民年金に加入している期間、もしくは被保険者の資格を失った60歳以上64歳以下の間（日本に居住している場合）に、初診日のある病気やけがによって、初診日から1年6か月経った日、もしくはそれまでに障害が治った（固定した）時点（以下「障害認定日」という）で、「国民年金・厚生年金保険障害認定基準」による障害（1・2級）の状態にある場合に支給されます。20歳前に初診日がある場合は、20歳に到達した時点（障害認定日が20歳以降の時は障害認定日）で、1・2級の障害の状態にあれば支給されます（図表2-44）。

請求には保険料納付要件があり、以下のいずれかを満たしていることが必要です。

・初診日の前日において、初診日の属する月の前々月までに被保険者期間があり、かつそのうち保険料納付済期間と保険料免除期間を合わせた期間が3分の2以上ある。
・初診日において65歳未満であり、初診日の属する月の前々月までの直近1年間に保険料の未納がない。

障害厚生年金

障害基礎年金の保険料納付要件を満たしている場合に、厚生年金保険の被保険者期間中に初診日のある病気やけがによって、障害認定日に「国民年金・厚生年金保険障害認定基準」による障害（1～3級）の状態にある場合に障害基礎年金に上乗せして支給されます（図表2-44）。

また、厚生年金の被保険者期間中に初診日のある病気やけがが初診日から5年以内に治癒し、障害厚生年金を受給するよりも軽い障害が残った場合、保険料納付要件を満たしていると、一時金として「障害手当金」が支給されます。

3　申請に必要な書類

・年金請求書
・医師の診断書（障害種別により様式あり）
・受診状況等証明書もしくは受診状況等証明書が添付できない申立書
・病歴・就労状況等申立書
・基礎年金番号通知書もしくは年金手帳のコピー
・本人の生年月日が確認できる書類
・障害年金を受け取る金融機関の通帳などのコピー

上記の他にも、状況によって必要な書類があります。詳しくは、申請窓口にお問い合わせください。

4　申請窓口

障害基礎年金は、お住まいの市区町村の年金担当の窓口（初診日が国民年金第3号被保険者期間中の場合はお近くの年金事務所もしくは街角の年金相談センター）、障害厚生年金は、お近くの年金事務所もしくは街角の年金相談センターになります。

5　制度利用における注意事項

障害基礎年金は、18歳未満の子どもがいれば「子の加算」が、障害厚生年金は、受給者によって生計を維持している65歳未満の配偶者がいれば「配偶者加給」が上乗せされます。

同一事由で支給される傷病手当金との重複受給はできません。

障害年金受給者が老齢年金等、他の種類の年金が受給できるようになった場合は、併給調整がされます（図表 2-45）。65 歳以後は特例により 2 つの種類の年金を受け取ることもできます。

初診日が 65 歳の誕生日の 2 日前までにあり、障害認定日において障害等級に該当している場合は、特例に該当し、65 歳を超えていても申請できます。

老齢基礎年金の繰り上げ受給をしていると、初診日が 65 歳未満にあったとしても、65 歳に到達しているとみなされ申請できません。

障害認定日に障害の状態にあったが請求していない場合は、遡及申請ができ、請求日から 5 年間はさかのぼって受給することができます。また、障害認定日には障害等級の定める障害の状態に該当しなかったが、65 歳の誕生日の 2 日前までに障害等級表の定める障害の状態になった場合（当該等級の定める障害の状態に該当していてもその後障害の状態が重くなった場合を含む）は事後重症として申請ができます（図表 2-42）。

図表 2-41　**障害年金の給付要件**

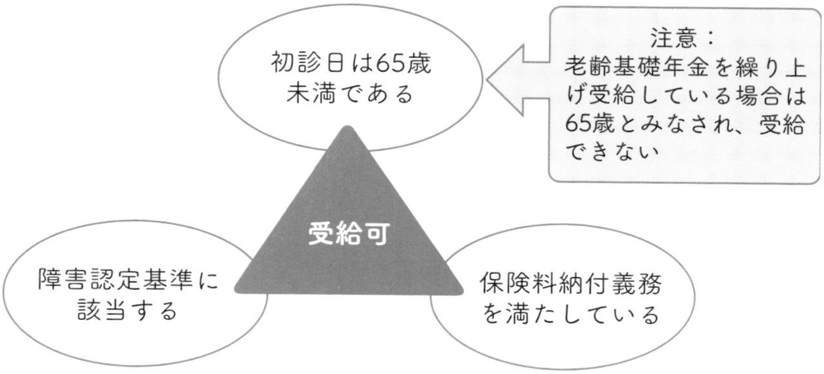

図表 2-42　障害認定日と請求時期について

※障害認定日とは
初診日から１年６か月が経過した日もしくは、
それまでに治った（固定した）日をいう

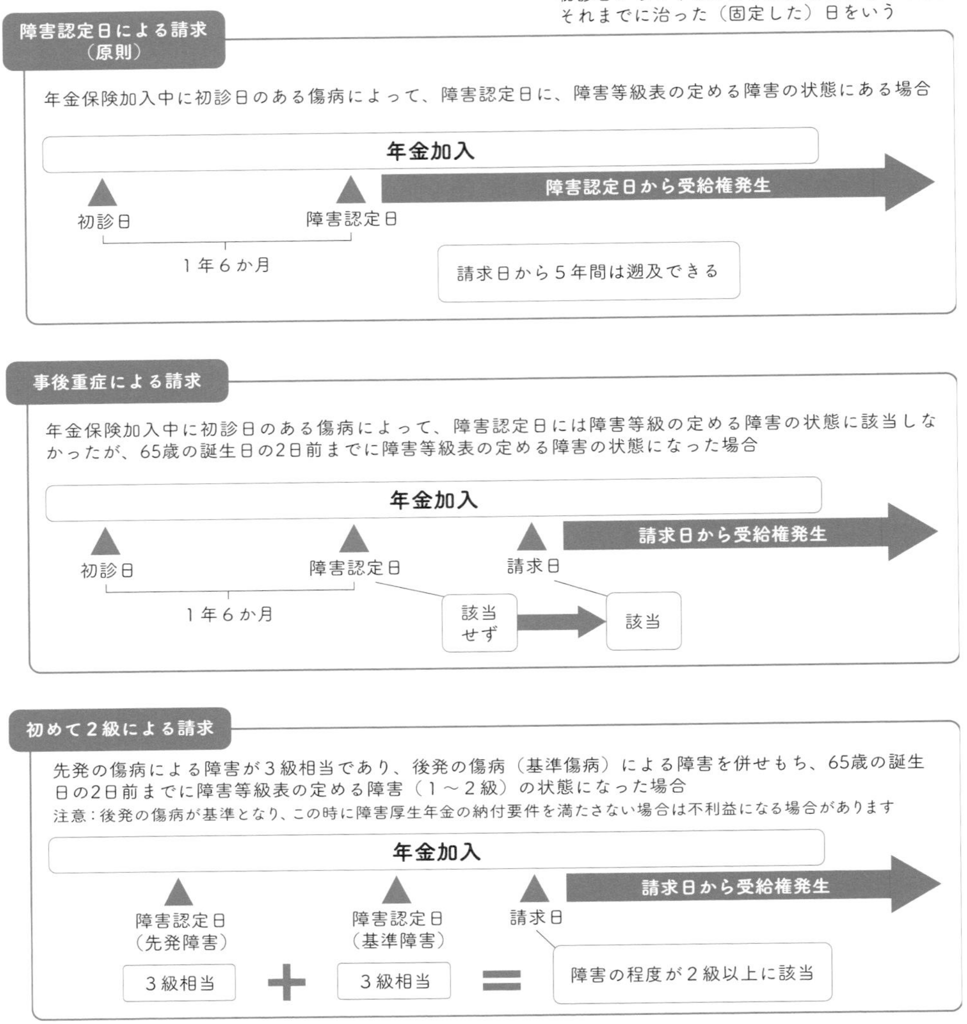

図表 2-43　受給できる年金種別と金額（2024 年度）

	1 級		2 級		3 級
厚生年金	障害厚生年金 1 級 報酬比例額× 1.25	配偶者加給 23 万 4,800 円	障害厚生年金 2 級 報酬比例額	配偶者加給 23 万 4,800 円	障害厚生年金 3 級 報酬比例額
国民年金	障害基礎年金 1 級 102 万円	子の加算 23 万 4,800 円	障害基礎年金 2 級 81 万 6,000 円	子の加算 23 万 4,800 円	

※障害厚生年金 3 級には最低保障の設定あり
※障害基礎年金の子の加算には、第 3 子以降は各 7 万 8,300 円加算

資料：厚生労働省年金局年金課「令和 6 年度の年金額改定について　Press Release（2024. 1. 19）」

図表 2-44　障害年金の障害認定基準

等級	障害の程度	例①　認知症	例②　血管性認知症（脳血管性障害）
1 級	身体の機能の障害または長期にわたる安静を必要とする病状が日常生活の用を弁ずることを不能ならしめる程度のもの （日常生活において、あらゆる面において介助を要する状態）	高度の認知障害、高度の人格変化、その他の高度の精神神経症状が著明なため、常時の援助が必要なもの	両上肢の機能に著しい障害を有するもの 両下肢の機能に著しい障害を有するもの 体幹の機能に座っていることができない程度または立ち上がることができない程度の障害を有するもの
2 級	身体の機能の障害または長期にわたる安静を必要とする病状が、日常生活が著しい制限を受けるかまたは日常生活に著しい制限を加えることを必要とする程度のもの （必ずしも介助を必要とはしないが、日常生活はきわめて困難であり、労働による収入を得ることができない状態）	認知障害、人格変化、その他の精神神経症状が著明なため、日常生活が著しい制限を受けるもの	一上肢の機能に著しい障害を有するもの 一下肢の機能に著しい障害を有するもの 体幹の機能に歩くことができない程度の障害を有するもの 音声または言語機能に著しい障害を有するもの そしゃくの機能を欠くもの
3 級	労働が著しい制限を受けるかまたは労働に著しい制限を加えることを必要とする程度のもの	①　認知障害、人格変化は著しくないが、その他の精神神経症状があり、労働が制限を受けるもの ②　認知障害のため、労働が著しい制限を受けるもの	身体の機能に、労働が著しい制限を受けるか、または労働に著しい制限を加えることを必要とする程度の障害を残すもの 言語の機能に相当程度の障害を残すもの そしゃくの機能に相当程度の障害を残すもの
障害手当金	労働が制限を受けるかまたは労働に制限を加えることを必要とする程度のもの	認知障害のため、労働が制限を受けるもの	身体の機能に、労働が制限を受けるか、または労働に制限を加えることを必要とする程度の障害を残すもの 言語の機能に障害を残すもの そしゃくの機能に障害を残すもの

資料：「国民年金法施行令」別表、「厚生年金保険法施行令」別表第 1 および第 2、「国民年金・厚生年金保険障害認定基準」より一部抜粋

図表 2-45　併給調整

1人1年金が原則

※同じ支給事由で受け取れる年金は 1 つの年金とみなされる
例）障害基礎年金と障害厚生年金

特例的に支給事由が異なる 2 つの年金を受け取れる場合（65歳以後）

①　障害給付と老齢給付

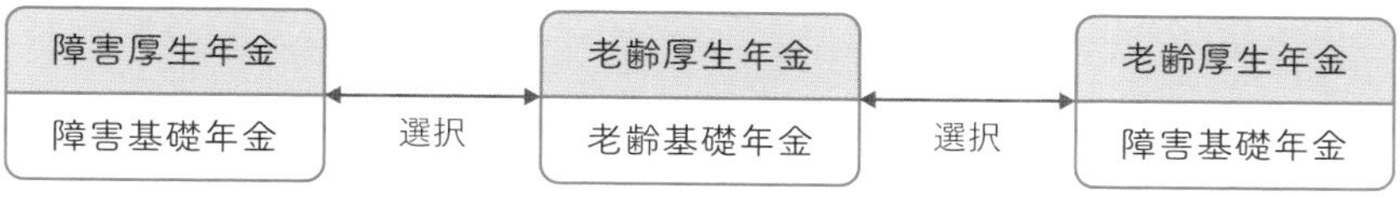

②　障害給付と遺族給付

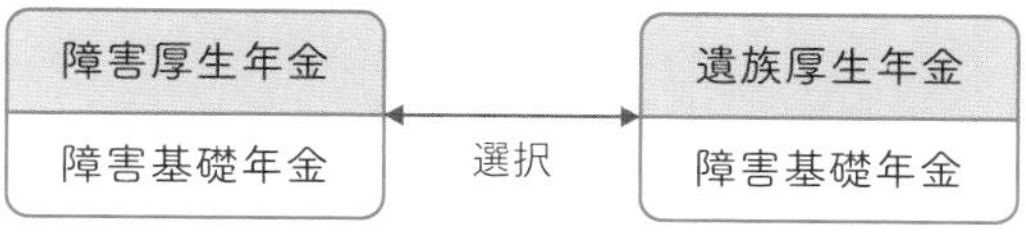

資料：日本年金機構「年金の併給または選択」
https://www.nenkin.go.jp/service/jukyu/kyotsu/shikyu/20140421-02.html

3 雇用保険

1 制度の目的

雇用保険は政府が管掌する強制保険制度であり、労働者の生活および雇用の安定と就職の促進のために、失業された人や教育訓練を受けられる人等に対して、失業等給付を支給します。また、失業の予防、雇用状態の是正および雇用機会の増大、労働者の能力の開発および向上その他労働者の福祉の増進等をはかるための2事業を目的とした雇用に関する総合的機能を有する制度です。

2 制度の概要

雇用保険における給付は大きく2つに分かれ、「失業等給付」と「育児休業給付」があります。失業等給付には、中心となる求職者給付のほか、就職促進給付、教育訓練給付、雇用継続給付などがあります（図表2-46）。

基本手当

雇用保険の被保険者である方が、さまざまな理由で離職し、1日でも早く再就職するまでの失業している間の生活支援給付です。一定の受給要件を満たすことにより受給できます。

原則として離職日の翌日から1年間の間に、所定給付日数（図表2-47）を限度として支給されます。以下の①と②のいずれにも当てはまることが受給要件となります。

① ハローワーク（公共職業安定所）で「求職の申込」を行い、「就職しようとする積極的な意思」があり、「いつでも就職できる能力がある」にもかかわらず、本人もしくはハローワークの努力によっても就業することができない「失業の状態」にあること

② 離職の日以前2年間に、被保険者期間が通算して12か月以上あること。ただし特定受給資格者（倒産、解雇等）または特定理由離職者（有期労働契約者で更新がないことによる離職や介護離職、心身の障害や疾病による離職）については、離職日以前1年間に、被保険者期間が通算して6か月以上ある場合でも認められます。

次に該当する場合は、基本手当を受給できません。

・病気やけがのため、すぐには就職できないとき
・妊娠・出産・育児のため、すぐには就職できないとき
・定年などで退職して、しばらく休養しようと思っているとき
・結婚などにより家事に専念し、すぐに就職することができないとき

基本手当日額（1日あたりの支給額）:

離職した日の直前の6か月に毎月決まって支払われた賃金の合計を180で割って算出した金額のおよそ50～80％（60～64歳は45～80％）となり、賃金が低い方ほど高い率となっています。また基本手当日額には年齢ごとの上限額が定められています。

受給期間延長

病気などで引き続き30日以上継続して職業に就くことができなくなった日の翌日以降に、「受給期間延長申請書」を提出することにより、最大で3年間（受給期間の1年を含め通算すると離職後最大で4年間）の延長ができます。所定給付日数に変更はありません。受給期間を延長している間に就労できる状態になれば、申請することで求職活動を再開することができます。

傷病手当

傷病手当とは、受給資格者が離職後に求職の申込をした後に15日以上引き続いて病気やけがのために就業できず、また基本手当の支給を受けることができない日の生活の安定を図るために支給されます（14日以内の場合は、基本手当が支給されます）。支給額は基本手当と同額です。

傷病手当は基本手当とは重複して受給することはできません。受給期間は、「基本手当の所定給付日数」から「すでに基本手当が支給された日」を差し引いた日数が上限となります。また下記の法令によって給付を受けられる日は支給対象となりません。

・「健康保険法」による傷病手当金を受給しているとき
・「労働基準法」による休業補償を受けているとき
・「労災保険法」による休業補償給付または休業給付を受けているとき　等

介護休業給付

介護休業給付金は雇用保険に加入する労働者が要介護状態（負傷、疾病または身体上もしくは精神上の障害により2週間以上の期間にわたり常時介護を必要とする状態）

にある対象の家族（図表2-48）を介護するために取得した休業に対して支給されます。対象家族1人につき3回まで、通算93日まで休業でき、休業開始時賃金月額の67%（賃金月額の3分の2）が支給されます。
※介護休業の詳細についてはCOLUMN4を参照してください。

3 申請に必要な書類

基本手当

・離職票
・本人確認できる書類
・写真
・印鑑
・本人名義の通帳
基本手当以外の申請には他の書類も必要となりますので、ハローワークにお問い合わせください。

4 申請窓口

申請窓口は、お近く（住所地を管轄）のハローワークとなります。

5 制度利用における注意事項

認知症で離職する場合は、「健康保険法」による傷病手当金を受給できる可能性があります。傷病手当金と雇用保険の傷病手当は併給できませんので、受給期間の延長申請を行うことをお勧めします。
認知症により契約期間の更新ができなかった場合は、特定理由離職者となります。また精神障害者保健福祉手帳等を所持している場合は、就職困難者として、給付期間が長くなります。
雇用保険の基本手当と障害年金の併給は可能です。65歳になるまでの雇用保険の基本手当と老齢厚生年金・退職共済年金との併給は調整が行われ、雇用保険の支給を受ける間は支給が停止されます。

図表 2-46　**雇用保険（失業等給付）**

資料：ハローワークインターネットサービス「雇用保険制度の概要」
https://www.hellowork.mhlw.go.jp/insurance/insurance_summary.html

図表 2-47　**所定給付日数**

特定受給資格者（倒産、解雇等）および一部の特定理由離職者（有期労働契約者で更新がないことによる離職）

		被保険者であった期間				
		1年未満	1年以上5年未満	5年以上10年未満	10年以上20年未満	20年以上
区分	30歳未満		90日	120日	180日	—
	30歳以上35歳未満		120日	180日	210日	240日
	35歳以上45歳未満	90日	150日		240日	270日
	45歳以上60歳未満		180日	240日	270日	330日
	60歳以上65歳未満		150日	180日	210日	240日

就職困難者※1

		被保険者であった期間				
		1年未満	1年以上5年未満	5年以上10年未満	10年以上20年未満	20年以上
区分	45歳未満	150日	300日			
	45歳以上65歳未満		360日			

上記以外

		被保険者であった期間				
		1年未満	1年以上5年未満	5年以上10年未満	10年以上20年未満	20年以上
区分	全年齢	90日※2	90日		120日	150日

※1　就職困難者とは、身体障害者、知的障害者、精神障害者等により就職が難しい人

※2　特定理由離職者（介護離職、心身の障害や疾病による離職）については、被保険者期間が6か月以上あれば受給資格を得ることができる。

資料：ハローワークインターネットサービス「基本手当の所定給付日数」
https://www.hellowork.mhlw.go.jp/insurance/insurance_benefitdays.html

図表 2-48　**介護休業の対象となる家族**

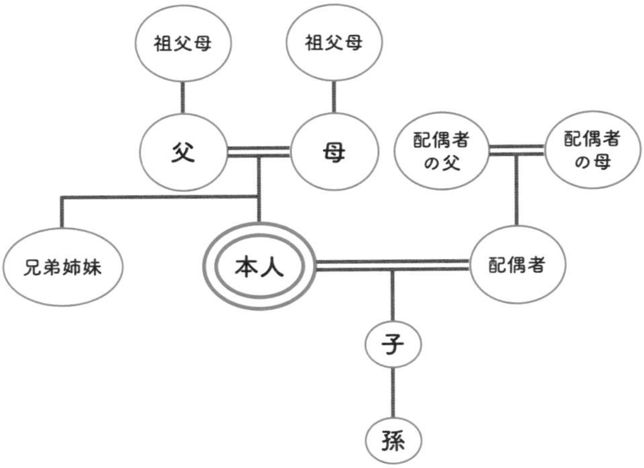

④ 特別障害者手当

1 制度の目的

精神の障害や身体の障害のある人に対して、手当を支給することにより、必要な介護等にかかる経済的負担を軽減することで、これらの人々の福祉の増進を図ることを目的にした制度です。

2 制度の対象者

精神または身体に著しく重度の障害があり、日常生活に常時特別な介護を要する在宅の20歳以上の人が対象です。

対象となる障害の程度は、①障害が2つ以上重複する場合（図表2-49の別表第2のうち2つ）、②障害が3つある場合（図表2-49の別表第2のうち1つと他の障害が2つ）、③障害が1つあり（図表2-49の別表第1の8または9）、かつその状態が重度である場合の3種類があります。③については、重度であるか否かの判断は安静度表または日常生活能力判定表を用いて判定します。認知症のある人の場合、認知症で身体障害を伴う場合（血管性認知症等）は②、認知症で身体障害を伴わない場合（アルツハイマー型認知症等）は③が考えられます。

3 認知症のある人が認定される例

(1) 認知症で身体障害を伴う場合（血管性認知症等）の認定例

脳血管疾患の場合、認知症のみならず身体に障害が残る場合があります。このような状態の場合は、精神の障害（日常生活能力判定表で10点以上）と上下肢の障害による併合認定を行います（図表2-50）。

(2) 認知症で身体障害を伴わない場合（アルツハイマー型認知症等）の認定例

認知症のみの場合、高度の認知障害等があり、日常生活能力判定表で14点以上であることが必要となります（図表2-51）。

4 申請に必要な書類

・特別障害者手当認定請求書
・特別障害者認定診断書
・各種障害者手帳（所持している場合）

お住まいの市区町村によって必要書類が異なることがありますので、担当窓口へご確認ください。

5 申請窓口

申請窓口は、お住まいの市区町村の障害福祉を担当する窓口となります。支給月額は2万8,840円（2024（令和6）年4月より適用）であり、原則として毎年2月、5月、8月、11月にそれぞれの前月分までが支給されます。

6 制度利用における注意事項

本人やその配偶者、扶養義務者の所得により障害の程度が該当しても受給できない場合があります。また、厚生労働省令に定められた施設（障害者支援施設、特別養護老人ホーム等）に入所している場合、医療機関に継続して3か月を超えて入院している場合は対象外となります。

この手当の受給対象となる障害の程度は重度であるため、各種障害者手帳や障害年金、自治体独自の障害者医療費助成制度などの制度・サービスの利用が可能な場合がありますので、併せて検討していくことが求められます。

図表 2-49 「特別児童扶養手当等の支給に関する法律施行令」で示す障害の程度

別表第 1	
1	両眼の視力がそれぞれ 0.02 以下のもの
2	両耳の聴力が補聴器を用いても音声を識別することができない程度のもの
3	両上肢の機能に著しい障害を有するもの
4	両上肢のすべての指を欠くもの
5	両下肢の用を全く廃したもの
6	両大腿を 2 分の 1 以上失ったもの
7	体幹の機能に座っていることができない程度の障害を有するもの
8	前各号に掲げるもののほか、身体の機能の障害または長期にわたる安静を必要とする病状が前各号と同程度以上と認められる状態であって、日常生活の用を弁ずることを不能ならしめる程度のもの
9	精神の障害であって、前各号と同程度以上と認められる程度のもの
10	身体の機能の障害もしくは病状または精神の障害が重複する場合であって、その状態が前各号と同程度以上と認められる程度のもの

別表第 2		
1	イ	両眼の視力がそれぞれ 0.03 以下のもの
	ロ	一眼の視力が 0.04、他眼の視力が手動弁以下のもの
	ハ	ゴールドマン型視野計による測定の結果、両眼のⅠ／4 視標による周辺視野角度の和がそれぞれ 80 度以下かつⅠ／2 視標による両眼中心視野角度が 28 度以下のもの
	ニ	自動視野計による測定の結果、両眼開放視認点数が 70 点以下かつ両眼中心視野視認点数が 20 点以下のもの
2		両耳の聴力レベルが 100 デシベル以上のもの
3		両上肢の機能に著しい障害を有するものまたは両上肢のすべての指を欠くものもしくは両上肢のすべての指の機能に著しい障害を有するもの
4		両下肢の機能に著しい障害を有するものまたは両下肢を足関節以上で欠くもの
5		体幹の機能に座っていることができない程度または立ち上がることができない程度の障害を有するもの
6		前各号に掲げるもののほか、身体の機能の障害または長期にわたる安静を必要とする病状が前各号と同程度以上と認められる状態であって、日常生活の用を弁ずることを不能ならしめる程度のもの
7		精神の障害であって、前各号と同程度以上と認められる程度のもの

別表第 2 の障害が 1 つあり、他の障害が 2 つある場合に用いる表	
1	両眼の視力がそれぞれ 0.07 以下のものまたは 1 眼の視力が 0.08、他眼の視力が手動弁以下のもの
2	両耳の聴力レベルが 90 デシベル以上のもの
3	平衡機能に著しい障害を有するもの
4	そしゃくの機能を失ったもの
5	音声または言語機能を失ったもの
6	両上肢のおや指およびひとさし指の機能を全廃したものまたは両上肢のおや指およびひとさし指を欠くもの
7	一上肢の機能に著しい障害を有するものまたは一上肢のすべての指を欠くものもしくは一上肢のすべての指の機能を全廃したもの
8	一下肢の機能を全廃したものまたは一下肢の大腿の 2 分の 1 以上で欠くもの
9	体幹の機能に歩くことができない程度の障害を有するもの
10	前各号に掲げるもののほか、身体の機能の障害または長期にわたる安静を必要とする病状が前各号と同程度以上と認められる状態であって、日常生活が著しい制限を受けるか、または日常生活に著しい制限を加えることを必要とする程度のもの
11	精神の障害であって、前各号と同程度以上と認められる程度のもの

図表 2-50　**認知症で身体障害を伴う場合（血管性認知症等）の認定例**

精神の障害の程度

→右の日常生活能力判定表で 10 点以上の状態

※別表第 2（図表 2-49）の 7 の障害

日常生活能力判定表

		0 点	1 点	2 点
1	食事	ひとりでできる	介助があればできる	できない
2	用便（月経）の始末	ひとりでできる	介助があればできる	できない
3	衣服の着脱	ひとりでできる	介助があればできる	できない
4	簡単な買い物	ひとりでできる	介助があればできる	できない
5	家族のとの会話	通じる	少しは通じる	通じない
6	家族以外の者との会話	通じる	少しは通じる	通じない
7	刃物・火の危険	わかる	少しはわかる	わからない
8	戸外での危険（交通事故）から身を守る	守ることができる	不十分ながら守ることができる	守ることができない

＋

精神の障害以外の 2 つの障害

※ 7 の障害

一上肢の機能に著しい障害を有するもの

身体障害者手帳 3 級程度

＋

※ 8 の障害

一下肢の機能を全廃したもの

身体障害者手帳 3 級程度

図表 2-51　**認知症で身体障害を伴わない場合（アルツハイマー型認知症等）の認定例**

精神の障害の程度

→右の日常生活能力判定表で 14 点以上の状態

※別表第 1（図表 2-49）の 9 の障害

例：症状性を含む器質性精神障害（高次脳機能障害を含む）によるものにあっては、高度の認知障害、高度の人格変化、その他の高度の精神神経症状が著明なもの

日常生活能力判定表

		0 点	1 点	2 点
1	食事	ひとりでできる	介助があればできる	できない
2	用便（月経）の始末	ひとりでできる	介助があればできる	できない
3	衣服の着脱	ひとりでできる	介助があればできる	できない
4	簡単な買い物	ひとりでできる	介助があればできる	できない
5	家族のとの会話	通じる	少しは通じる	通じない
6	家族以外の者との会話	通じる	少しは通じる	通じない
7	刃物・火の危険	わかる	少しはわかる	わからない
8	戸外での危険（交通事故）から身を守る	守ることができる	不十分ながら守ることができる	守ることができない

⑤ 国民年金保険料における免除制度

1 制度の目的

国民年金とは、老齢や障害の状態にある人ならびに、生計を維持している人が死亡した家族に対して、年金を支給することにより、これらの人々の生活が脅かされないように維持することを目的にした制度です。国内に居住する20歳以上60歳未満の人は加入が義務づけられており、一定期間、年金保険料を納め、支給要件（老齢基礎年金・障害基礎年金・遺族基礎年金）を満たした場合に、年金を受給することができます。

国民年金保険料は月額1万6,980円（2024（令和6）年4月現在）であり、将来の年金受給のためには納付が必要ですが、「国民年金法」に基づき、経済状況により保険料を納付することが難しい場合には、納付免除や納付猶予を申請し、免除を受けることができる場合があります。

2 制度の対象者

保険料の免除制度には、法定免除と申請免除があります。法定免除は、①生活保護（生活扶助）、②障害基礎年金ならびに被用者年金の障害年金（2級以上）を受給している人などが対象です。また申請免除は、申請する本人、世帯主、配偶者のそれぞれの前年所得（1月から6月までに申請する場合は前々年所得）が、一定の金額以下である、あるいは失業などにより保険料を納めることが難しい人が対象です。法定免除は保険料が全額免除となり、申請免除では前年所得に応じて保険料が全額免除、4分の3免除、半額免除、4分の1免除されます（図表2-52）。

また保険料の免除は、申請した月から2年1か月前までさかのぼって申請することができます。なお、退職・失業などにより申請免除をした場合には、前年所得を0円として免除審査がされます。

3 保険料が免除される例

（1） 若年性認知症の人が保険料免除となる例

認知症の発症に伴い、就労継続が難しく退職した場合には、申請免除に基づいて、保険料が全額免除される場合があります。

(2) 認知症のある人の家族が保険料免除となる例

家族が認知症のある人の介護などを理由に、就労を制限して所得が減少、あるいは退職した場合には、申請免除により保険料が全額免除もしくは一部免除される場合があります。

4 申請に必要な書類

法定免除の場合

・国民年金保険料免除事由（該当・消滅）届

申請免除の場合

・国民年金保険料免除・納付猶予申請書
・退職・失業した事実を確認できる書類（雇用保険受給資格者証、雇用保険受給資格通知、雇用保険被保険者離職票、雇用保険被保険者資格喪失確認通知書など）

5 申請窓口

法定免除の申請窓口は、お住まいの市区町村の担当窓口（国民年金担当窓口）となります。また申請免除の申請窓口は、お住まいの市区町村の担当窓口（国民年金担当窓口）もしくは年金事務所です。

6 制度利用における注意事項

国民年金保険料の免除期間と免除額の区分に応じて、将来受給できる老齢基礎年金額が減額されます（図表 2-52）。そのため、保険料免除制度の利用申請前には、配偶者、世帯主などの被扶養者（第3号被保険者）に入ることができるかをまず検討することが必要です。

また国民年金保険料の免除は、毎年度の申請が必要です。ただし、全額免除の承認を受けた人が翌年度以降も全額免除の申請を希望する場合には、継続して申請があったものとして扱うため手続きは不要となります（失業などにより免除された人は除く）。

図表 2-52　**国民年金保険料における申請免除の基準と受給年金への反映（令和 6 年度）**

免除金額（納める保険料）	基準（前年所得）※	老齢基礎年金の支給額への反映	老齢基礎年金、障害基礎年金、遺族年金の受給資格期間への反映
全額免除（0 円）	（扶養親族等の数＋ 1）× 35 万円＋ 32 万円	1 ／ 2	あり
3 ／ 4 免除（4,245 円）	88 万円＋扶養親族等控除額＋社会保険料控除額等	5 ／ 8	あり
半額免除（8,490 円）	128 万円＋扶養親族等控除額＋社会保険料控除額等	6 ／ 8	あり
1 ／ 4 免除（12,735 円）	168 万円＋扶養親族等控除額＋社会保険料控除額等	7 ／ 8	あり
未納	上記に該当しない	なし	なし

※前年所得に関わらず、下記の要件に該当する場合には免除の対象となる場合があります。

- 震災、風水害等の被災者
- 退職、失業した人
- 特別障害給付を受給している人
- 障害基礎年金、生活保護（生活扶助）の受給者（法定免除に該当する人）

6 年金生活者支援給付金制度

1 制度の目的

公的年金（老齢基礎年金、障害基礎年金、遺族基礎年金）の収入や、その他の所得額による合計が一定基準額以下である年金を受給する人の生活を支えるために、年金に一定金額を上乗せして支給する制度です。

2 制度の対象者

年金生活者支援給付金制度には、老齢（補足的老齢）年金生活者支援給付金、障害年金生活者支援給付金、遺族年金生活者支援給付金の3種類があり、制度ごとに対象とする要件と支給金額が異なっています（図表2-53）。

なお、同一世帯内に図表2-53の受給要件を満たす人が複数いる場合には、その一人ひとりが申請をすることで受給することができます。

3 認知症のある人が利用できる例

(1) 老齢基礎年金のみを受給する認知症のある人の単身世帯の場合

2024（令和6）年度の老齢基礎年金の満額は、81万6,000円です。そのため、認知症のある人の収入が老齢基礎年金のみである場合には、老齢年金生活者支援給付金（もしくは補足的老齢年金生活者支援給付金）を申請し、受給することができる可能性があります。

(2) 障害年金を受給する若年性認知症のある人とその配偶者の2人世帯の場合

若年性認知症のある人とその配偶者（60歳代）による前年所得が、障害基礎年金・障害厚生年金などの非課税収入を除いて、510万1,000円以下である場合には、障害年金生活者支援給付金を申請し、受給することができる可能性があります。

4 申請に必要な書類

・年金生活者支援給付金請求書

5 申請窓口

既に年金を受給している人の申請窓口は、年金事務所です。

なお、これから新規に基礎年金を請求する場合には、基礎年金の請求書と一緒に「年金生活者支援給付金請求書」を提出することで、各申請窓口で手続きすることができます。老齢基礎年金の場合は、年金事務所です。また障害基礎年金・遺族基礎年金の場合は、お住まいの市区町村の担当窓口です（ただし、初診日・死亡日が第３号被保険者の期間であった場合には、年金事務所もしくは街角の年金相談センターになります）。

6 制度利用における注意事項

年金生活者支援給付金を受給しようとする人が、①日本国内に住所がない、②年金が全額支給停止している、③刑事施設等に拘禁されている、のいずれかの事由に該当する場合には支給を受けることができません。

また、年金生活者支援給付金制度による給付額は毎年度、物価変動による改定が行われます。

図表 2-53　**年金生活者支援給付金の種類と受給要件（2024 年 4 月）**

年金生活者支援給付金の種類	受給要件	支給金額（月額）
老齢年金生活者支援給付金	次のすべての要件にあてはまること ①　65 歳以上の老齢基礎年金の受給者 ②　同一世帯の全員が市町村民税非課税 ③　前年の公的年金による収入[※1]とその他の所得の合計が 77 万 8,900 円未満	保険料納付済期間等に応じて算出
補足的老齢年金生活者支援給付金	次のすべての要件にあてはまること ①　65 歳以上の老齢基礎年金の受給者 ②　同一世帯の全員が市町村民税非課税 ③　前年の公的年金による収入[※1]とその他の所得の合計が 77 万 8,900 円を超え 87 万 8,900 円以下	保険料納付済期間等に応じて算出
障害年金生活者支援給付金	次のすべての要件にあてはまること ①　障害基礎年金の受給者 ②　前年所得[※1]が「472 万 1,000 円＋扶養親族の数× 38 万円[※2]」以下	障害等級が 2 級　5,310 円 障害等級が 1 級　6,638 円
遺族年金生活者支援給付金	次のすべての要件にあてはまること ①　遺族基礎年金の受給者 ②　前年所得[※1]が「472 万 1,000 円＋扶養親族の数× 38 万円[※2]」以下	5,310 円

※ 1　障害年金、遺族年金等の非課税収入を含まない。
※ 2　同一生計配偶者のうち 70 歳以上の人または老人扶養親族の場合は 48 万円、特定扶養親族または 16 歳以上 19 歳未満の扶養親族の場合は、63 万円となります。

資料：厚生労働省「年金生活者支援給付金請求手続きのご案内（令和 5 年 10 月版）」

7 その他の収入源の確保に有用な制度

第2章でこれまで紹介した認知症のある人やその家族が活用できる可能性のある経済支援として、社会保障制度のほかにも、日常生活にかかるさまざまな支出を減らすことで、結果的に収入を確保することのできる有用な制度があります。ここでは、その代表的ないくつかの制度を紹介します（図表 2-54）。

図表 2-54　**その他の収入源の確保に有用な制度**

制度名	主な基準		申請窓口
医療費控除	1 年間（1 月 1 日から 12 月 31 日）に本人またはその生計を同一にする配偶者や扶養親族のために支払った医療費※1 の合計が 10 万円（総所得金額等が 200 万円未満の人は総所得金額等の 5%）を超えた場合に、所得税控除を受けることができます。医療費控除の対象になる場合は、確定申告をすることで還付金を受け取ることができます。		住所地の所管の税務署
NHK 放送受信料の免除	全額免除	世帯構成員全員が市町村民税非課税であり、下記等に該当する場合 ・身体障害者手帳を有する人がいる世帯 ・児童相談所、知的障害者更生相談所、精神保健福祉センター、精神保健指定医の判定により、知的障害者と判定された人（療育手帳を有する人等）がいる世帯 ・精神障害者保健福祉手帳を有する人がいる世帯	お近くの NHK もしくはお住まいの市区町村の担当窓口
		生活保護を受給している世帯	
	半額免除	・視覚障害または聴覚障害により、身体障害者手帳を有する人が世帯主である場合 ・身体障害者手帳（1 級または 2 級）を有する人が世帯主である場合 ・児童相談所、知的障害者更生相談所、精神保健福祉センター、精神保健指定医の判定により、重度の知的障害者と判定された人（療育手帳（重度・A）を有する人等）が世帯主である場合 ・精神障害者保健福祉手帳（1 級）を有する人が世帯主である場合	
水道料金の減免制度（自治体独自）※2	（兵庫県西宮市の場合） 下記のいずれかに該当する世帯は、申請を行うことで水道料金の減免を受けられる場合があります。 ・身体障害者手帳（障害等級が 1 級または 2 級）、療育手帳（重度・A）、精神障害者保健福祉手帳（1 級）のいずれかを持っている人が在宅している世帯 ・療育手帳（B1）と身体障害者手帳（3 級）の両方を持っている人が在宅している世帯 ・家族介護慰労金を受給している世帯		（西宮市の場合） 西宮市役所健康福祉局障害福祉課 / 高齢介護課

公共交通機関などの割引	公共交通機関（電車、バス、タクシー、飛行機、フェリー、高速道路料金等）の料金について、割引などを受けることができる場合があります。対象となる基準や金額などは各公共交通機関やお住まいの市町村によって異なりますので、事前にご確認ください。	利用する公共交通機関

※１　加入していた民間保険会社等から給付された保険金や、医療保険制度の高額療養費等で補填された金額を除いた医療費を指します。
※２　自治体独自の制度であるため、お住まいの自治体によっては導入していない場合があります。また、自治体ごとに減免額やそのための要件は異なります。

COLUMN 4

介護離職による経済困窮を回避するために ―介護休業制度―

人口の高齢化に伴い、介護保険制度による要支援・要介護認定を受ける人の数は増加しており、今後も増加することが見込まれています。これら要介護状態[注1)]の人たちを介護する家族[注2)]は稼働世代であり、勤務先では業務の中核を担う人たちであることが多いのが現状です。近年では介護のための離職（介護離職）が増えており、そのうち９割の人たちが介護休業を取得せずに退職をしています[6)]。現在、「育児休業、介護休業等育児又は家族介護を行う労働者の福祉に関する法律（育児・介護休業法）」に定められた介護休業制度等、仕事と介護の両立のための支援の強化に向けた取り組みが行われており、一般労働者（正規）だけではなく、パート等の有期契約労働者も対象とした施策が行われています。介護＝離職という構図ではなく、仕事と介護の両立をどのように行っていくかを検討していくことをお勧めします。

介護休業制度の概要は、図表2-55のとおりです。相談窓口は都道府県労働局雇用環境・均等部（室）となっています。

注1）要介護状態：介護保険制度の要介護状態区分が要介護２以上である場合のほか、介護保険制度の要介護認定を受けていない場合であっても２週間以上の期間にわたり介護が必要な状態のときには対象になります[7)]。
注2）家族：配偶者（事実婚を含む）、父母、子、配偶者の父母、祖父母、兄弟姉妹および孫を指します[7)]。

図表 2-55　**介護休業制度等の概要**

介護休業	労働者が要介護状態にある家族を介護するための休業
介護休暇	労働者が要介護状態にある家族の介護や世話をするための休暇
短時間勤務等の措置	労働者が要介護状態にある対象家族を介護するための所定労働時間の短縮等の措置
所定外労働の制限	労働者が要介護状態にある家族を介護するために申請した場合、会社は所定外労働を免除しなければならない制度
時間外労働の制限	労働者が要介護状態にある家族を介護するために申請した場合、会社は1か月について24時間、1年について150時間を超える時間外労働をさせてはならないという制度
深夜業の制限	労働者が要介護状態にある家族を介護するために申請した場合、会社は、深夜（午後10時～午前5時）に労働に従事させてはならないという制度

資料：厚生労働省「そのときのために、知っておこう。介護休業制度」

第 2 章　引用・参考文献

1）日本医療ソーシャルワーク研究会『2023 年度版医療福祉総合ガイドブック』医学書院，pp.188-197，2023.

2）厚生労働省「障害者総合支援法の対象疾病（難病等）の見直しについて」https://www.mhlw.go.jp/content/001184975.pdf

3）いとう総研編『2023 年度版社会保障制度指さしガイド――図解説明でそのまま使える！』日総研出版，p.132，2023.

4）厚生労働省「高額障害福祉サービス等給付費等に関する支給認定について」https://www.mhlw.go.jp/content/12200000/2018_shinnin_1_1.pdf

5）厚生労働省「高齢の障害者に対する支援について②」https://www.mhlw.go.jp/content/12601000/000929959.pdf

6）石橋未来「介護離職の現状と課題」https://www8.cao.go.jp/kisei-kaikaku/suishin/meeting/wg/hoiku/20190109/190109hoikukoyo01.pdf

7）厚生労働省「介護で仕事を辞める前にご相談ください！　こんなこと、ありませんか？」https://www.mhlw.go.jp/bunya/koyoukintou/pamphlet/pdf/ikuji_h31_02_21.pdf

第3章

事例に基づいた認知症のある人の社会保障制度活用のポイント

はじめに

第2章では、さまざまな社会保障制度の概要について紹介してきました。それらの制度は多岐にわたっており、かつとても複雑です。第3章では、認知症のある人への経済的支援のための社会保障制度の活用方法について、具体的な事例を通して学びます。

事例は全部で20あり、それぞれの事例には「事例の概要」(認知症発症当時の状況に加え、進行の経過やそれに伴う生活への影響など)、「現在の状況」(認知症のある人の経済状況など)が書かれています。そしてこれらの情報を手掛かりに、8つの社会保障制度が提示されており、その制度が活用できるかどうかを選択していただく演習形式となっています(○×で選択)。

また、事例1～9は初期、事例10～14は中等度、事例15～20は重度といった具合に、事例を読み進めるにつれて、認知症の進行が重度になるよう設定しています。皆様が現在支援(あるいは介護)を行っている認知症のある人の状態に合った事例から学習を始めていただいても大丈夫です。

なお、事例によっては活用の有無を選択していただく8つの社会保障制度以外にも手立てが考えられる場合もあります。そのことについては「ワンポイントアドバイス」に記していますので、併せてご確認いただければと思います。

社会保障制度は法改正により基準等が変わります。最新の法改正についても逐次情報収集をしていただき、参考にしていただければと思います。

第1節

初期の認知症のある人の事例

認知症の進行度をどのように定めるかについては、さまざまな考え方があります。第1節で紹介する初期の認知症のある人の事例は、日常生活は辛うじて自立している人や介護サービスの利用により1人暮らしが可能な人など、日常生活への影響が比較的軽度である人をイメージして作成しました。

ここで紹介する9事例がかかえる疾患は、血管性認知症、アルツハイマー型認知症、レビー小体型認知症、特発性正常圧水頭症、軽度認知障害（MCI）の5種類です。

初期の認知症のある人の経済的支援では、疾患特性をふまえながら、認知症のある人やその家族の経済状況を把握すること、認知症の進行を遅らせるなどの治療を保障するために医療費の軽減を行う社会保障制度を活用することが先決です。初期の場合、介護ニーズが高くないことが多いですが、認知症の進行により状況は変化していきます。認知症のある人の状態像や家族の介護負担、経済状況の変化を予測し、必要な医療・介護サービスを制限することがないように、適宜社会保障制度を紹介・活用していくことが大切です。

CASE1

脳梗塞による身体の障害に加え血管性認知症を生じた事例

認知症のある人の基本情報

名前 Aさん　**性別** 男性　**年齢** 70歳

認知症の種類 血管性認知症

要支援・要介護度 要介護1　**家族構成** 妻（64歳）と2人暮らし

キーワード 脳梗塞後遺症／高血圧／意欲低下

事例の概要

Aさんは50歳まで電気工事の下請け会社を自営していましたが、経営困難となり会社を手放した後、警備員として勤務していました。68歳の時に自宅で倒れ、近くの救急病院に搬送され、脳梗塞と診断されました。その後3か月間にわたるリハビリテーションを行い、右半身の不全麻痺と言葉の話しにくさの後遺症が残るものの、何とか杖歩行ができ、身の回りのことができるまでに回復したため、自宅へ退院しました。仕事は入院をきっかけに退職し、国民健康保険に切り替えました。

退院後しばらくは、外来でリハビリテーションに通院し、ADL（日常生活動作）を維持していましたが、家の中で過ごすことが増え、徐々に筋力が低下し、1人で起き上がることや外出が難しくなってきました。妻は入院中に面識のあった病院のソーシャルワーカーに相談しました。そこでリハビリテーションを継続する手段のひとつとして、介護保険制度の利用を勧められました。妻は、すぐに市役所に出向いて要支援・要介護認定の申請を行いました。1か月後、「要介護1」の結果が届いたため、ソーシャルワーカーの助言のもと、自宅近くの居宅介護支援事業所を選定し、契約を交わしました。ケアマネジャーと相談し、まずは週1回の通所リハビリテーション（デイケア）の利用を開始しました。リハビリテーションを中心としたデイケアはAさんも楽しんで通うようになり、利用回数を週3回まで増やし、身体機能を維持していました。

介護保険制度を利用してから3か月後より、徐々にデイケアに行く曜日や時間の認識が曖昧になり、奥さんに確認することが増えてきました。そして新聞を読む頻度が減り、会話することも減ってきました。

現在（70歳）、Aさんはデイケアを休むことが増え、このままでは次第に悪くなっていくのではないかと不安を感じた妻は、ケアマネジャーの助言を受け、介護保険主治医意見書を記載してもらっているB病院を受診し、主治医へ相談しました。医師は、認知症の疑いがあると判断し、専門病院であるC病院の認知症外来の受診を勧めました。

C病院では、認知機能検査、脳画像検査などを行い、血管性認知症と診断されました。脳梗塞の後、高血圧のコントロールが十分にできておらず、小さな脳梗塞（ラクナ梗塞）を発症していたことが原因でした。

妻はAさんの認知症の発症とともに、経済面を含めた将来の不安が強くなってきました。

Aさんの現在の状況

- Aさんの収入は老齢基礎年金と老齢厚生年金であり、月15万円弱である。
- 世帯は妻との2人暮らし。
- 子どもは遠方に居住しており、経済的支援は難しい。
- 自宅は借家（家賃48,000円）である。
- 医療保険は、国民健康保険制度と高齢受給者証（2割）である。
- 市町村民税非課税世帯である。
- 高血圧の治療が中断されていた。

○×チェック！

現時点において、
Aさんは次の制度を利用できるでしょうか？

①高額療養費制度
②傷病手当金（医療保険）
③自立支援医療制度（精神通院医療）
④精神障害者保健福祉手帳
⑤身体障害者手帳
⑥障害基礎年金
⑦社会福祉法人等による生計困難者等に対する介護保険サービスに係る利用者負担額軽減制度
⑧生活保護制度

解答と解説

①高額療養費制度 ☞ p.15

答え ○

自己負担上限額の 8,000 円を超えた額が支払われます！

高額療養費制度とは、医療機関の窓口で支払う一部負担金が自己負担上限額までとなる制度です（図表 2-5）。A さんは市町村民税非課税世帯のため、外来の 1 か月の自己負担上限額は、8,000 円となります。医療機関の窓口では一般区分（2 割負担・上限額 1 万 8,000 円）での一部負担金を支払った後に、国民健康保険の窓口に申請を行い、8,000 円を超えた分が高額療養費として支給されます（自治体によっては振込口座を登録することで申請が不要となる場合があります）。

事前の申請にて「限度額適用・標準負担額減額認定証」の交付を受け、医療機関の窓口に提示することによって、1 か月（1 日から末日）の窓口で支払う一部負担金が上記の負担上限額までとなります。一時的な支払いを軽減するためには有効な制度です。

また複数の医療機関を受診した場合は、それぞれの医療機関にて自己負担上限額までの一部負担金を支払った後に合算され、最終的には 8,000 円を超えた分が支給されます。

②傷病手当金（医療保険）☞ p.68

答え ×

国民健康保険加入者のため、対象ではありません！

傷病手当金は、被用者保険加入中の人が病気休業中に生活を保障するために設けられた制度で、病気やけがのために会社を休み、事業主から十分な報酬が受けられない場合に支給されます。在職中の手続きが必要となり、A さんはすでに会社を退職されていますので、今回は対象となりません。

ただし、脳梗塞で入院となった時点では、健康保険に加入しており、支給要件である 4 日連続の休業が証明できれば、2 年以内であれば遡及可能であり、退職後も 1 年 6 か月間は受給できていた可能性があります（退職後も受給できるのは、社会保険加入期間が 1 年以上ある場合に限られます）（図表 2-39, 2-40）。

③自立支援医療制度（精神通院医療）☞ p.38

答え ○

医療費は１割負担になり、負担上限額も設定されます！

血管性認知症は、この制度の対象となります（図表 2-21）。今後、本人の精神状態の意欲低下等に対しての精神科等の受診が必要となった場合は、A さんの収入状況であれば自立支援医療制度（精神通院医療）を申請することにより、負担上限月額は 5,000 円となり、経済負担はかなり軽減されます（図表 2-22）。なお、この制度が利用できるのは自立支援医療制度（精神通院医療）指定医療機関のみとなります。

④精神障害者保健福祉手帳 ☞ p.47

答え ×

精神障害（認知症）に係る初診日から６か月を経過した日以降の判定になるので、現時点では申請できません！

この手帳は、初診日から６か月を経過した後の診断書によって判定されます。A さんの場合、診断された直後ですので、通院しながらしばらく経過をみていく必要があります。今後、認知症の進行によっては該当する可能性があります（図表 2-27）。

⑤身体障害者手帳 ☞ p.47

答え ○

肢体不自由で身体障害者手帳の申請ができる可能性があります。

A さんは最初の脳梗塞発症からすでに、6 か月以上経過しているため、右半身の不全麻痺に対して肢体不自由を申請できる可能性があります（図表 2-28）。障害区分、等級によっては、自治体独自の障害者医療費助成制度を受給できる場合があり、医療費の軽減につながります（図表 2-30）。また、医療費控除や障害者控除などの申請を行うことができます（図表 2-29, 2-54）。さらに、身体障害者手帳の等級によりますが、後期高齢者医療制度の申請が可能となる場合があります［p.14］。

⑥障害基礎年金 ☞ p.71

答え ×

障害基礎年金の請求要件に該当しないため、利用できません！

障害年金は、申請するに至った疾病の初診日に年金に加入しており、障害認定日（治癒または症状固定など）の状態等の条件を満たすことにより支給される、障害を事由とした年金です。障害基礎年金の請求は65歳（誕生日の2日前）までに行うことが原則となっており、例外として初診日が65歳の誕生日の2日前までにあること、障害認定日において障害等級に該当していること、保険料納付要件を満たしていることの条件が満たされれば請求することが可能となっています（図表2-41, 2-42）。しかし、Aさんの場合は例外にも該当しないため、障害基礎年金の対象とはなりません。

⑦社会福祉法人等による生計困難者等に対する介護保険サービスに係る利用者負担額軽減制度 ☞ p.62

答え ×

この制度では通所リハビリテーション（デイケア）は対象となっていません！

軽減の対象となる費用は、法に基づく訪問介護、通所介護、短期入所生活介護および指定介護老人福祉施設（特別養護老人ホーム）における施設サービスに係る利用者負担額ならびに食費および居住費（滞在費）に係る利用者負担額であり、Aさんが利用している通所リハビリテーション（デイケア）は対象となっていません（図表2-37）。

今後、サービスの利用料金の軽減を図るために、リハビリテーションが充実した通所介護に変更することも選択肢のひとつとなります。ただし、軽減されるのは市区町村に申し出を行っている社会福祉法人等が運営する介護サービス事業所のみとなります。

⑧生活保護制度 ☞ p.53

答え ○

生活保護制度の基準を下回っているので、受給できる可能性があります！

高齢者夫婦世帯の最低生活保障水準は、生活扶助約12万円、住宅扶助約5万円（上限は各都道府県（市区町村）によって異なります）であり、Aさんの収入は年金のみで月 15 万円弱のため、生活保護の基準（最低生活費）を下回ることになります（1 級地 -1 計算による）。

今後、妻が 65 歳になり年金収入を得ることとなれば、金額によっては、生活保護制度の対象外となる可能性はあります。

ワンポイントアドバイス

血管性認知症は、脳血管疾患が原因となる認知症です。発症の原因となる疾患が利用できる社会保障制度も視野に入れて支援していくことが必要です。また初期の認知症の場合は、すぐに適用となる制度は少ないかもしれませんが、進行に伴い利用できる制度があることをあらかじめ知っておくことが将来の不安の軽減につながると考えます。

CASE2

アルツハイマー型認知症と診断され抗認知症薬を服用しながら通院する事例

認知症のある人の基本情報

名前 Bさん　**性別** 女性　**年齢** 83歳

認知症の種類 アルツハイマー型認知症

要支援・要介護度 要介護1　**家族構成** 1人暮らし

キーワード 鑑別診断直後／うつ病／抗認知症薬服用開始

事例の概要

Bさんは75歳のときに夫が他界した後、1人暮らしをしていました。車で30分程度の地域に娘が住んでいますが、Bさんの日常生活は自立していましたので、顔を合わせるのは月に1回程度でした。Bさんは近所付き合いもよく、町内会のボランティアとして、公園の花壇の世話などを進んで行っていました。また、飼っていた犬の散歩の際に、近所の人とお話しするのも楽しみにしていました。

80歳頃より、娘に「ATMの暗証番号を忘れた」「ボランティアの日にちを勘違いした」などの電話をするようになりましたが、娘は年のせいだと思い、あまり気にしていませんでした。

82歳のときに、長年飼っていた犬が亡くなったことがきっかけで、Bさんは気持ちが塞ぎ込むようになり、外出もあまりしなくなり、だんだんと元気がなくなっていきました。一緒にボランティアをしていた友人から娘に、Bさんの最近の様子を心配しているといった旨の連絡が入り、先行きに不安を抱いた娘はBさんを連れて、近くの心療内科のあるA病院を受診しました。そこでは、愛犬との別れによるうつ状態と診断され、抗うつ薬が処方されました。

その後1年が経過し（83歳）、A病院の通院は継続していますが、日に日に体重が減っていくBさんの様子を心配した娘が、しばらくの間一緒に生活をしてみると、Bさんは炊飯器や洗濯機などの電化製品の使い方がわからなくなっており、料理や洗濯などの日常生活もままならない状況でした。また、娘が外出すると、不安のためかBさんは何度も娘に電話をかけ、要領を得ない話をするようになりました。そこで、A病院の受診に娘が付き添い、自宅での様子を医師に相談すると、認知症の検査を勧められ、専門外来のあるC病院を受診することとなりました。画像検査の結果、脳の萎縮が指摘され、アルツハイマー型認知症と診断されました。医師からは抗認知症薬の服用と介護保険サービスの利用が提案されました。

Bさんは、心療内科の受診費用や、認知症の検査での費用から経済面での先行きに不安を感じ、定期通院することや介護保険のサービス利用については拒否的な姿勢でいましたが、娘の説得により、抗認知症薬を服用しながら、要支援・要介護認定の申請を行いました。申請の結果、「要介護1」と認定されました。娘は地域包括支援センターから紹介された自宅近くの居宅介護支援事業所と契約し、Bさんと一緒に通所介護（デイサービス）の見学に行きました。しかしBさんは、利用料の説明を聞くと躊躇し、「まだまだひとりで頑張れる」と利用には消極的でした。

Bさんの現在の状況

- Bさんの収入は遺族厚生年金と老齢基礎年金で合わせて月額10万円であり、市町村民税非課税世帯となっている。
- Bさんの自宅は持ち家で、ローンは完済している。売却しても資産価値は低い。
- Bさんの医療保険は後期高齢者医療制度で1割負担である。
- 子どもは娘（長女）と息子（長男）の2人いるが、いずれもBさんを扶養していない。
- Bさんは心療内科のほかに、内科、整形外科に通院している。

○×チェック！

現時点において、
Bさんは次の制度を利用できるでしょうか？

①高額医療・高額介護合算制度	⑤NHK放送受信料の免除
②自立支援医療制度（精神通院医療）	⑥障害基礎年金
③特定医療費（指定難病）助成制度	⑦特別障害者手当
④精神障害者保健福祉手帳	⑧境界層該当（介護保険制度）

解答と解説

①高額医療・高額介護合算制度 ☞ p.22

答え ✕

介護サービスを利用されていないため対象ではありません！

この制度は医療保険と介護保険における1年間（毎年8月1日～翌年7月31日）の医療保険と介護保険の自己負担の合算額が高額な場合に、自己負担を軽減する制度です。Bさんの場合は、年間31万円が上限額となりますが、現時点では介護保険のサービスは利用しておらず、医療費の自己負担も月額8,000円が上限となることから、該当しないと考えられます（図表2-13）。今後、介護サービスの利用を開始した段階で改めての検討が必要となります。

②自立支援医療制度（精神通院医療）☞ p.38

答え ○

医療費の自己負担上限額が軽減されます！

アルツハイマー型認知症はこの制度の対象となります（図表2-21）。Bさんの医療保険は後期高齢者医療制度で1割負担となっており、この制度を利用しても自己負担の1割は変わりません。しかし、Bさんの所得状況から考えますと、後期高齢者医療制度の1か月の負担上限額は8,000円（市町村民税非課税世帯）ですが、この制度を利用することにより5,000円（「低所得2」）に下がります（図表2-22）。1か月の医療費の自己負担が5,000円を超える場合は、この制度の利用により自己負担が軽減できることになります。なお、うつ病は対象疾患のうち、④気分（感情）障害の項目に含まれることから、この制度の利用が可能ですので、うつ病の診断後にも申請が可能であったといえます（図表2-21）。

この制度を活用できるのは、自立支援医療制度（精神通院医療）の指定医療機関において、当該病名にかかる通院の医療費のみとなります。原則1か所の医療機関に限られますが、主治医が治療上その必要性を認めており、かつ当該医療機関で実施できない治療（検査やデイケア、訪問看護など）については例外として適用が可能な場合もあります。

③特定医療費（指定難病）助成制度 ☞ p.41

答え ×

うつ病とアルツハイマー型認知症は対象疾病ではありません！

認知症で特定医療費（指定難病）助成制度に該当するのは、65歳以下で発症した前頭側頭葉変性症のみですので、Bさんの場合は利用できません（図表2-23）。

④精神障害者保健福祉手帳 ☞ p.47

答え ○

うつ病と診断されてから6か月を経過しているため、対象となる可能性があります！

この手帳は、初診日から6か月を経過した日以後における診断書によって判定されます。Bさんの場合、（当初は）うつ病と診断されていましたので、現在の認知機能も含めた状態で判断されます。記憶障害や遂行機能障害により、日常生活に何らかの支障をきたしているBさんは3級（軽度）相当になる可能性が高いと考えられます（図表2-27）。この手帳の有効期間は2年ですので、引き続き利用を希望する場合は更新申請が必要です。

なお、現時点ではアルツハイマー型認知症が主となっていますので、この病気を含めて診断・治療から6か月経過時点において再検討することが求められます。

⑤ NHK放送受信料の免除 ☞ p.91

答え ×

Bさんは市町村民税非課税ですが、身体障害者手帳、療育手帳、精神障害者保健福祉手帳の対象ではないため、この制度の対象にはなりません！

NHK放送受信料の免除は全額免除の場合、「世帯構成員全員が市町村民税非課税」に加えて、身体障害者手帳あるいは療育手帳、精神障害者保健福祉手帳を有する人が世帯にいることが条件となっています（図表2-54）。現時点で1人暮らしであるBさんは、市町村民税非課税ですが、これらの手帳を有していないため対象にはなりません。今後、精神障害者保健福祉手帳を取得することにより、この制度の対象になる可能性があります。

⑥障害基礎年金 ☞ p.71

答え ×

障害基礎年金の請求要件に該当しないため、利用できません！

障害年金は、申請するに至った疾病の初診日（うつ病やアルツハイマー型認知症を疑って医療機関を受診した日）に年金に加入しており、障害認定日（治癒または症状固定など）の状態等の条件を満たすことにより支給される、障害を事由とした年金です。障害基礎年金の請求は65歳（誕生日の2日前）までに行うことが原則となっており、例外として初診日が65歳の誕生日の2日前までにあること、障害認定日において障害等級に該当していること、保険料納付要件を満たしていることの条件が満たされれば、請求することが可能となっています（図表2-41, 2-42）。しかし、Bさんの場合は例外にも該当しないため、障害基礎年金の対象とはなりません。

⑦特別障害者手当 ☞ p.81

答え ×

Bさんは認知症の初期段階であるため、該当する可能性は低いです！

この手当は、精神または身体に著しく重度の障害があり、日常生活に常時特別な介護を要する在宅の20歳以上の人が対象となります。精神障害単一による認定は、日常生活能力の評価で14点以上（8項目に対して0点（例：ひとりでできる）～2点（例:できない））となることが必要です（この評価は医師が行います）（図表2-51）。Bさんの場合、現時点での状態像では該当する可能性は低いですが、今後認知症が進行してきた場合は、検討できる可能性が高くなります。

また、手当の支給に対して所得制限がありますが、Bさんの経済状況であればその制限には当てはまらないと思われます。この手当は月額2万8,840円（2024（令和6）年4月より適用）で、通院費や介護サービスの利用料をまかなうことも可能となりそうです。なお、この手当は病院または診療所に継続して3か月を超えて入院するなどの場合は支給が停止されます。

⑧境界層該当（介護保険制度）☞ p.56

答え ×

現状では生活保護基準を上回っているため、該当する可能性は低いです！

Bさんの収入（年金）は生活保護基準（7～8万円）を上回っており、通所介護の利用回数にもよりますが、最低基準を下回らない可能性の方が高いため、境界層該当の可能性は低いと考えます。

この事例では預貯金などの情報を明示しておりませんが、条件に合致すれば、社会福祉法人等による生計困難者等に対する介護保険サービスに係る利用者負担額軽減制度事業の利用ができる可能性がありそうです。その場合は、この事業の届出を行っている事業所での利用となります。

ワンポイントアドバイス

うつ病と認知症はその区別が難しいといわれています。認知症によりうつ状態が生じている場合もあります。Bさんの場合、娘が一時的に同居したことにより、判断能力の低下があることが判明しています。まずは、病態に関するエピソードを十分に収集し、主治医への情報提供と相談が必要です。そのうえで、先行きを鑑みて制度の適用と活用計画を立てることが求められます。

CASE3

レビー小体型認知症のため、身体的な介護も必要であるが経済面の不安から孫が介護を担っている事例

認知症のある人の基本情報

名前 Cさん　**性別** 男性　**年齢** 80歳

認知症の種類 レビー小体型認知症

要支援・要介護度 要介護1　**家族構成** 1人暮らし

キーワード 1人暮らし／パーキンソン症状／ヤングケアラー

事例の概要

Cさんは10年前に妻が他界してから1人暮らしをしています。娘（50歳）と孫（16歳）が歩いて10分程度のところに住んでいます。食事は娘に手伝ってもらいながら、身の回りのことは、自立していました。

75歳頃より、気分が落ち込んだり、食事が進まないことがあり、内科のかかりつけ医へ相談したところ、老年期のうつ症状が出ていると言われ、気持ちを安定させる漢方薬を処方されていました。

78歳のときに、自宅のある公営住宅の階段で座り込んでいるところを同じ団地に住む人に発見され、救急車で病院に運ばれました。Cさんは打撲のみでさいわい大事には至りませんでしたが、「階段を上がろうとして、つまずいてしまった。最近よく足がもつれる」と話したため、娘と一緒に近くの整形外科を受診することにしました。整形外科では、筋肉や関節のこわばりがあり、すり足歩行を指摘され、大学病院の脳神経内科で検査を受けるように指示されました。大学病院では認知機能検査と脳ドパミンシンチグラフィー検査等の精査を行い、ドパミン低下がみられたため、レビー小体型認知症と診断され、服薬治療が開始されました。

医師から介護保険制度の利用を勧められたため、娘が市役所へ相談に行き、要支援・要介護認定の申請を行ったところ、「要支援2」の結果が出ました。訪問介護事業所と契約し、週2回ホームヘルパーに掃除や洗濯を手伝ってもらうようになりました。その後、調子のよいときは、1人で買い物に行くことも

ありましたが、だんだんと無表情になり、動作が緩慢になっていきました。

現在（80歳）、Cさんはカーテンに虫が這っていると訴えるようになり、また手の震えから細かな作業がしにくく、1人で買い物に行くことも難しくなってきたため、ケアマネジャーに相談し、要介護認定の見直しを実施しました。その結果「要介護1」と認定されたため、訪問介護の利用回数を週5回に増やし、昼食時の準備や片付けなどをお願いしています。経済的な余裕がないため、夕食時や土日の対応は近くに住む孫がお世話をしています。医師からは、身体機能維持のためのリハビリテーションを提案されていますが、未だサービスの導入には至っていません。

Cさんの現在の状況

- Cさんの主たる収入は老齢厚生年金と老齢基礎年金であり、月額17万円である。貯蓄は200万円ある。
- 医療保険は後期高齢者医療制度で、2割負担となっている。
- 脳神経内科のほかに、内科、眼科、歯科に受診している。
- 月々の支払いは、医療費が月額3万2,000円、訪問介護（介護保険）利用料が8,000円である。
- 公営住宅に居住しており（家賃は月額1万5,000円）、娘と孫の2人が近くに居住しているが、経済面への支援は難しい。

○×チェック!

現時点において、
Cさんは次の制度を利用できるでしょうか？

①高額療養費制度
②高額介護サービス費
③高額医療・高額介護合算制度
④特定医療費（指定難病）助成制度
⑤身体障害者手帳
⑥特別障害者手当
⑦自立支援医療制度（精神通院医療）
⑧境界層該当（介護保険制度）

解答と解説

①高額療養費制度 ☞ p.15

答え ○

Cさんは高額療養費制度の対象となります！

後期高齢者医療制度は従来1割負担の人と3割負担の人がいましたが、2022（令和4）年10月1日より、一定の所得がある人は2割負担となりました（図表2-3）。Cさんの年金は月17万円のため、年収は204万円になります。よって医療費の自己負担割合は「一定以上所得者」になるため、医療費の窓口負担が2割負担となります。高額療養費制度の所得区分は「一般Ⅱ」になるため、自己負担上限額は6,000円＋（総医療費－3万円）×10％または1万8,000円のいずれか低い方となります。なお、前者は2025（令和7）年9月30日までの緩和措置制度となっています（1割負担のときと比較した際の負担増が3,000円以内に収まるように設定）（図表2-5）。

Cさんの場合、月々の医療費が2割負担で3万2,000円ですので、6,000円＋（16万円－3万円）×10％＝1万9,000円であり、1割負担の場合には1万6,000円ですので、増額は3,000円に収まり、よって1万9,000円と比べて、後者の1万8,000円の方が低いため、Cさんの自己負担上限額は1万8,000円となります。

なお、Cさんのように高額療養費の所得区分が「一般Ⅱ」に属する人の場合は、自動的に外来窓口の支払いが自己負担上限額となりますので、限度額適用認定証の申請は不要ですが、複数の医療機関を受診されている場合は、最終的に合算され、1万8,000円を超えた分が返金されます（図表2-5）。

②高額介護サービス費 ☞ p.21

答え ×

Cさんは高額介護サービス費で設定されている自己負担上限額を超えていないので、利用できません！

高額介護サービス費の自己負担上限額は、最も低い基準でも上限額は1万5,000円となっています（図表2-12）。Cさんの訪問介護の利用料は月額8,000円であることからこの制度の対象にはなりません。今後、リハビリテーションについて訪問リハビリテーションや通所リハビリテーションなどを利用することになれば、その利用料により対象になる可能性はあります。

③高額医療・高額介護合算制度 ☞ p.22

答え ×

Cさんの場合、自己負担上限額を超えていないため、対象となりません！

高額医療・高額介護合算制度は医療保険と介護保険の両方を利用している世帯の負担を軽減する制度であり、Cさんの場合、この制度が利用できるか否かの検討が必要になります。

Cさんの場合、1か月の医療費が①のとおり1万8,000円、訪問介護の利用料が8,000円ですので、これらの支出が以後1年間（8月1日から翌年7月31日）続いたとして、2万6,000円×12か月＝31万2,000円となります。Cさんのこの制度での所得区分は「現役並みⅠ」になると考えられ（課税所得である老齢年金が145万円以上380万円未満）、1年間の自己負担上限額は67万円となることからこの制度の対象にはなりません（図表2-13）。今後、訪問リハビリテーションや通所リハビリテーションなどを利用することになれば、その利用料によっては対象になる可能性はあります。

なお、Cさんの場合は年間の医療費等が10万円を超えていますので、医療費控除の対象になります（図表2-54）。1月1日から12月31日の医療費＋介護保険サービスの利用料について、翌年に税務署へ申告することで所得税が還付される場合があります。

④特定医療費（指定難病）助成制度 ☞ p.41

答え ×

レビー小体型認知症は対象疾病ではありません！

レビー小体型認知症の症状のひとつとしてパーキンソン症状が出ていますが、パーキンソン病とは異なるため、パーキンソン病による申請は原則できません（図表2-23）。パーキンソン病の症状として認知機能の低下もあるため、原疾病が何かきちんと診断を受けることが重要です。

⑤身体障害者手帳 ☞ p.47

答え ○

Cさんの場合、肢体不自由の区分で身体障害者手帳の取得の可能性があります！

パーキンソン症状が生じてから1年以上を経過しており、現在は手の震えやすり足歩行などにより日常生活に支障があるため、この制度の対象になる可能性があります。申請にあたって必要な肢体不自由の「診断書・意見書」は、「身体障害者福祉法」第15条の規定により都道府県（政令市を含む）から指定を受けた医師による作成が必要です。まずは、主治医または市区町村の障害福祉の担当窓口での相談をお勧めします。

⑥特別障害者手当 ☞ p.81

答え ×

Cさんの現在の状態の場合、障害の程度が著しく重度と判定されないため受給の可能性は低そうです！

特別障害者手当の対象者は、精神または身体に著しく重度の障害があり、日常生活に常時特別な介護を要することが要件となっており、Cさんの状態の場合は対象にならない可能性が高いと思われます（図表2-49, 2-50, 2-51）。今後の病状の進行により、対象となる場合もありますので、病状の変化を観察していくことが重要です。

⑦自立支援医療制度（精神通院医療） ☞ p.38

答え ○

レビー小体型認知症は、症状性を含む器質性精神障害に分類されるため、自立支援医療制度（精神通院医療）の対象となります。

レビー小体型認知症はこの制度の対象となります（図表2-21）。この制度の利用により、医療費の2割負担が1割負担となり、さらに認知症は「重度かつ継続」となるため、Cさんの所得区分が「中間所得1」であった場合は自己負担限度額が月額5,000円となります（図表2-22）。なお、この制度が利用できるのは自立支援医療制度（精神通院医療）指定医療機関のみとなります。

⑧境界層該当（介護保険制度）☞ p.56

答え ×

Cさんの場合は、生活保護制度の最低基準額を上回っているため該当しないと思われます！

Cさん世帯の収入額および預貯金の状況から鑑みて、医療費や介護保険制度のサービスを利用したとしても、生活保護の対象にはならないと考えられます。よって、この制度の該当は難しいと考えられます。

ワンポイントアドバイス

Cさんの場合は、自立支援医療制度（精神通院医療）により医療費の軽減を図ることが最優先となると考えられます。次いで、身体障害者手帳の取得の可否を検討することが求められます。外出困難なCさんの状況や孫に介護の負担がかかってきている状況から考えると、身体障害者手帳の取得後は障害支援区分認定の申請を行い、介護保険制度にはない行動援護や移動支援の利用を検討することも必要となるのではないかと思われます。利用するサービスは増えますが、障害福祉サービスは自己負担上限額が介護保険よりも低いため、経済負担もある程度抑えられるのではないかと考えられます。

CASE4

一家に要介護認定を受けた人が複数おり生活困窮が進行している事例

認知症のある人の基本情報

名前 D さん　**性別** 女性　**年齢** 55 歳

認知症の種類 アルツハイマー型認知症

要支援・要介護度 要介護 1

家族構成 母親（80 歳・要介護 1）、息子（28 歳）と 3 人暮らし

キーワード 若年性認知症／非正規雇用／複数の要介護者

事例の概要

D さんは 45 歳のときに夫と離別後、飲食店を経営しながら、母親と息子の 3 人で暮らしていましたが、2 年前に不況のあおりを受け、閉店することになりました。

54 歳のとき更年期障害で婦人科を受診した際、日頃の服薬状況について医師から問われたものの正確に答えられず、辻褄の合わない言動があったことから、医師より認知症を疑われました。時々顔をみせていた D さんの姉も妹の様子に違和感を持っていたため、D さんが受診している婦人科の医師へ相談したところ、大学病院にある認知症疾患医療センターの受診を勧められ、予約することにしました。姉が受診予約について D さんに話したところ、D さん自身には自覚症状はなく、更年期障害による体調の変化であると理解していたため、当初は受診を拒否しました。しかし、何度か姉に説得され、紹介されてから 3 か月後にようやく受診することになりました。

認知症疾患医療センターで神経学検査、画像検査などを行った結果、D さんは軽度認知障害（MCI）と診断され、3 か月ごとの受診を指示されました。このときも D さんは特に生活に支障がないと話していましたが、姉は D さんの日頃の様子について、「きちんとした性格だったが、寝て過ごしていることが多くなり、部屋の片づけもできていない。生活費のため、何度かアルバイトを始めるものの、スケジュール管理ができず、体力的にも難しくなり、仕事が長

続きしません」と話しました。

その後、なんとか通院は継続できていましたが、初診から1年経った受診の際、ソーシャルワーカーは同行した姉から「Dさんの日常生活に支障が出てきている」と相談されました。具体的には、数字が数えられず、同じ物ばかり買ってきたり、支払いは財布ごと店員に渡すようになり、母親の介護保険の利用料の支払いが滞ることもあるということでした。

日常生活の様子を聞いた医師は改めて検査を行い、軽症の若年性認知症（アルツハイマー型認知症）へ進行していると診断し、抗認知症薬の処方を行いました。

3か月後の受診時には、母親を担当するケアマネジャーから、Dさんの服薬がきちんとできていない状況であると情報提供がありました。今までは母親が食事の準備をしていましたが、母親の体調や認知機能の低下もあって家事が回らなくなってきていること、何とかお互いに補いながら生活している様子であるものの、Dさん自身にも支援が必要であるとのことでした。

その後、母親のケアマネジャーの支援もあり、Dさんの介護保険の要支援・要介護認定を申請し、「要介護1」の結果が出ました。今後は服薬管理のための訪問看護や生活支援のホームヘルパーなどを、母親のサービスとの兼ね合いを考えながら利用していくことになりました。息子はフリーターをしていますが、今後Dさんと母親の介護により仕事ができなくなるのではないか、そのことにより生活が困難となるのではないかと不安を抱いています。

Dさんの現在の状況

- 主たる収入は、母親の老齢基礎年金（年額80万円弱）、息子のアルバイト代（年額120万円程度）であり、貯蓄は200万円あるが生活困窮が進行しており、切り崩して生活に充てている。
- 市町村民税非課税世帯である。
- 自宅は2LDKのマンション（築30年）であり、ローンの支払いは終了している。
- 医療保険は国民健康保険（3割負担）である。
- 借金や国民健康保険料・国民年金保険料などの滞納はない。
- 母親は要介護1で、週3回の訪問介護と週3回の通所リハビリテーション（デイケア）を利用している（介護保険の自己負担分は月額1万2,000円）。

○×チェック!

現時点において、
Dさんは次の制度を利用できるでしょうか?

①自立支援医療制度(精神通院医療)
②精神障害者保健福祉手帳
③障害基礎年金
④国民年金保険料における免除制度
⑤特別障害者手当
⑥境界層該当(介護保険制度)
⑦生活保護制度
⑧社会福祉法人等による生計困難者等に対する介護保険サービスに係る利用者負担額軽減制度

解答と解説

①自立支援医療制度(精神通院医療) ☞ p.38

答え ○

医療費は3割負担が1割負担になり、負担上限額も設定されます!

アルツハイマー型認知症は、この制度の対象となります(図表2-21)。さらにDさん一家は市町村民税非課税世帯であり、Dさん本人の収入が80万円以下のため、負担上限月額は2,500円となり、経済負担はかなり軽減されます(図表2-22)。なお、この制度が利用できるのは自立支援医療制度(精神通院医療)指定医療機関のみとなります。

②精神障害者保健福祉手帳 ☞ p.47

答え ○

初診日から6か月以上経過しており、現在の症状(生活状況)から考えると申請が可能です!

MCIはICD-10(国際疾病分類)において「症状性を含む器質性精神障害(F0)」の「脳の損傷及び機能不全並びに身体疾患によるその他の精神障害(F06)」のひとつに分類されています(F06.7)。Dさんは診断から6か月が経過し、治療を継続していることから、申請が可能です。

MCIの段階では精神障害者保健福祉手帳の判定基準に該当しない可能性が

高いですが、認知症の診断を受けたことにより、現在の生活状況を勘案すれば、Dさんは3級（軽度）相当になる可能性があります（図表2-27）。なお、この手帳の有効期間は2年ですので、引き続き利用を希望する場合は更新申請が必要です。

③障害基礎年金 ☞ p.71

答え ✕

認知症は進行する疾患であり、現時点では障害認定日（1年6か月）を過ぎていないため、申請要件に当てはまりません！

Dさんは国民年金の加入者と考えられ、MCIの初診日から1年3か月を経過したところであり、1年6か月の障害認定日まであと3か月あるため時期尚早です（図表2-42）。

3か月後に申請を行うことができますが、障害基礎年金には障害厚生年金のように3級がないため、2級以上の状態であることが必要です（図表2-43）。2級の状態とは、必ずしも他人の助けを借りる必要はなくても、日常生活はきわめて困難であり、労働によって収入を得ることができないほどの障害を指します（図表2-44）。入院や在宅で、活動の範囲が病院内・家屋内に限られるような方が2級に相当する可能性があります。

障害基礎年金の受給が可能となれば、国民年金保険料の納付は法定免除になり、認定された日を含む月の前月の保険料から免除となり、経済負担を軽減することができます。

④国民年金保険料における免除制度 ☞ p.85

答え ○

失業や収入の減少といった経済的な理由により、保険料の免除申請ができます！

Dさんは国民年金第1号被保険者であるため、国民年金保険料を毎月納めなければなりません。しかし状況から、収入が明らかに減少していると推測できるため、保険料の「全額免除」または「一部免除」の申請ができると考えます。保険料の免除が承認された期間は年金の受給資格期間に算定され、例えば、全額免除の期間については老齢基礎年金を受け取る際に2分の1が受け取れます（図表2-52）。ただし、手続きせずに未納となった場合は受け取れません。

また、免除期間にけがや病気で障害や死亡といった不測の事態が発生した場合、障害年金や遺族年金を受けとることができます。さらに、今後の状況によっては、D さんの息子も収入が減少した場合は、対象となります。

⑤特別障害者手当 ☞ p.81

答え ✕

D さんの現在の状態では障害の程度が著しく重度と判定されないため、受給の可能性は低そうです！

特別障害者手当は精神障害単一の場合、日常生活能力判定表で 14 点以上となっています（図表 2-49, 2-51）。D さんの状態は軽度であるため、現時点ではあてはまりません。

⑥境界層該当（介護保険制度）☞ p.56

答え ✕

D さんの世帯年収では、該当しないと思われます！

2023（令和 5）年 10 月時点における 1 級地 -2 の生活保護基準（最低生活費）を算出すると、D さんの世帯収入は 1 年間で約 30 万円を上回っています。国民年金保険料の免除の対象となったと仮定して、医療費の自己負担や国民健康保険料、母親の介護保険によるサービスの利用料などを鑑みると、30 万円を超えるかもしれません。しかし、預貯金によりこの制度の該当は難しいと思われます。預貯金が少なくなる、あるいはなくなる状況になれば該当する可能性は高くなると思われます。

⑦生活保護制度 ☞ p.53

答え ✕

D さんの世帯収入では、該当しないと思われます！

⑥境界層該当で説明したとおり、D さんの世帯としての収入や支出、預貯金を勘案すると現段階では該当しないと考えられます。

⑧社会福祉法人等による生計困難者等に対する介護保険サービスに係る利用者負担額軽減制度 ☞ p.62

答え ○

Dさん世帯の場合、この制度の届出を行っている事業所のサービスを利用することで可能となります！

Dさんはこの制度の条件（世帯収入や課税状況、預貯金の額など）のすべての要件を満たしていますので、利用することが可能と思われます（図表2-36）。母親が受けている介護保険サービスもこの制度の届出を行っている事業所に変更すれば、かなり支出を減らすことができるでしょう。

ワンポイントアドバイス

Dさんは55歳ですが、特定疾病（図表2-7）の「6）初老期における認知症」のため介護保険サービスを申請しました。Dさんの場合の経済支援としては、まずは自立支援医療制度（精神通院医療）を申請して医療費の負担を軽減し、次いでDさんと息子の国民年金保険料の免除申請を行い、母親が利用している訪問介護（通所リハビリテーションは対象外）を社会福祉法人等による生計困難者等に対する介護保険サービスに係る利用者負担額軽減制度が使える事業所へ変更することが考えられます。そして障害認定日には障害基礎年金を申請し、認知症の進行により精神障害者保健福祉手帳や特別障害者手当の検討、貯蓄の減少に伴って境界層該当や生活保護制度の申請を検討するとよいと考えます。

CASE5

初期のアルツハイマー型認知症と診断され、糖尿病のインスリン注射が1人でできなくなった事例

認知症のある人の基本情報

名前 Eさん　**性別** 女性　**年齢** 80歳

認知症の種類 アルツハイマー型認知症

要支援・要介護度 要介護2　**家族構成** 1人暮らし

キーワード 変形性膝関節症／糖尿病／インスリン自己注射

事例の概要

Eさんは10年前（70歳時）から糖尿病が進行し、自宅で1日3回の血糖測定とインスリン注射を行っていました。また、変形性膝関節症があり、長距離の歩行が難しくなってきたため、3年前に介護保険の要支援認定の申請を行いました。申請の結果、「要支援2」と認定され、週2回の訪問介護を利用し、ホームヘルパーに買い物を手伝ってもらい、その他の家事はEさんのペースで何とか行っていました。

昨年、糖尿病の定期受診に行った血液検査で、HbA1c（糖尿病の過去1～2か月間のコントロール状態を評価する指標）の上昇がみられました。医師がEさんに自宅での自己注射の状況を尋ねると、「打ち忘れはないと思うけど……」と返答しました。しかし、処方に対して残数が多いことから1日1回のインスリン注射へ変更したところ、新たな器具の使い方を何度教えても、手順を覚えることができませんでした。その様子を見て心配した外来の看護師は、医師へインスリンの変更は難しく、投与状況を確認するためには訪問看護の導入が必要であると提案をしました。そこでEさんの同意を得て、医師はケアマネジャーに連絡し、訪問看護の必要性を伝えました。

ケアマネジャーの手配により、Eさんは週に2回訪問看護を利用することになり、自己注射の状況や手順などの確認を行いました。

しばらくは問題なく過ごしていましたが、半年経ったころからインスリンの残数が合わないことがたびたび起こるようになりました。訪問看護師は主治医

へ特別訪問看護指示書による訪問看護を提案し、毎日訪問看護師がインスリン注射の残数を確認することとなりました。訪問看護師は、インスリン注射を打ったかどうかあやふやに答えるEさんの様子から、認知機能の低下があるのではないかと考え、主治医へ報告しました。

認知症の検査をしたところ、Eさんは初期のアルツハイマー型認知症と診断されました。その後、ケアマネジャーにより、要介護区分変更申請が行われ、結果「要介護2」となりました。インスリン注射は訪問看護師と近くに住む娘によって行われるようになり、Eさんが望む1人暮らしをできるだけ長く継続できるように、ケアプランの見直しを行い、週3回の通所介護（デイサービス）、週5回の訪問介護、週2回の訪問看護を利用することになりました。

現時点での医療費や介護保険サービスの利用料はEさんの年金から支払うことができているものの、今後身体的な介護が必要となった場合に、サービス利用等にかかる費用が増えるのではないかと娘はとても心配しています。

Eさんの現在の状況

- Eさんの収入は遺族厚生年金（年額100万円）と老齢基礎年金（年額80万円）であり、月額15万円である。
- 医療保険は後期高齢者医療制度（1割負担）であり、医療費の自己負担額は1か月あたり1万2,000円程度である。
- 現在、週3回のデイサービス、週5回のホームヘルパー、週2回の訪問看護を利用している（介護保険サービスの利用料は1か月あたり1万9,000円）。
- 娘は徒歩圏内の近隣に居住している。
- 自宅は持ち家であり、住宅ローンはない。
- 預貯金は200万円所持している。
- 市町村民税非課税世帯である。

○×チェック！

現時点において、
Eさんは次の制度を利用できるでしょうか？

①高額療養費制度
②身体障害者手帳
③自立支援医療制度（精神通院医療）
④障害基礎年金
⑤高額介護サービス費
⑥高額医療・高額介護合算制度
⑦年金生活者支援給付金制度
⑧社会福祉法人等による生計困難者等に対する介護保険サービスに係る利用者負担額軽減制度

解答と解説

①高額療養費制度 ☞ p.15

答え ○

自己負担上限額を超えた額が高額療養費として支給されます！

Eさんは後期高齢者保険の自己負担が1割負担で、「市町村民税非課税世帯区分Ⅰ（遺族年金は非課税所得のため、区分は老齢基礎年金の金額を基に判断されます）」に該当し、外来の1か月の自己負担上限額は8,000円、外来＋入院の場合は1万5,000円となります（図表2-5）。現在、1か月あたり1万2,000円の一部負担金を支払っていますので、自己負担上限額を超えた4,000円が約3か月後に支払われます。また、事前に「限度額適用・標準負担額減額認定証」の交付を受け、医療機関の窓口に提示すると窓口での支払いが自己負担上限額までとなり、支出を軽減することができます。

②身体障害者手帳 ☞ p.47

答え ○

肢体不自由の区分で身体障害者手帳の取得の可能性はあります！

Eさんは変形性膝関節症のために長距離の歩行が難しい状況です。詳しい障害の程度が不明なため判断が難しいですが、例えば両下肢の膝関節が軽度の障害（両下肢の膝関節それぞれの関節可動域が90度以下）と認められれば、6級（7級の障害×２か所）の可能性はありそうです（図表 2-28）。

申請にあたって必要な肢体不自由の「診断書・意見書」は、「身体障害者福祉法」第 15 条の規定により都道府県（政令市を含む）から指定を受けた医師による作成が必要です。まずは、主治医または市区町村の障害福祉の担当窓口で相談してください。

③自立支援医療制度（精神通院医療）☞ p.38

答え ×

現時点ではアルツハイマー型認知症の治療を受けていないため、対象外です！

E さんは初期のアルツハイマー型認知症の診断を受けたものの、治療は受けていないため、この制度の対象になりません。現在受けている医療は糖尿病に対するものであり、訪問看護は糖尿病治療に関する疾患管理、指導となっています。今後、アルツハイマー型認知症に対する抗認知症薬が投与されるなどの治療が行われるようになれば、この制度の申請により認知症の治療に対する自己負担額が軽減されることとなります。

④障害基礎年金 ☞ p.71

答え ×

障害基礎年金の請求要件に該当しないため、利用できません！

障害年金は、申請するに至った疾病の初診日に年金に加入しており、障害認定日（治癒または症状固定など）の状態等の条件を満たすことにより支給される、障害を事由とした年金です（図表 2-41）。障害基礎年金の請求は 65 歳（誕生日の 2 日前）までに行うことが原則となっており、例外として初診日が 65 歳の誕生日の 2 日前までにあること、障害認定日において障害等級に該当していること、保険料納付要件を満たしていることの条件が満たされれば請求することが可能となっています。しかし、E さんの場合は 80 歳で初めてアルツハイマー型認知症と診断されたため、例外にも該当せず、障害基礎年金の対象とはなりません。

⑤高額介護サービス費 ☞ p.21

答え ○

介護保険サービスの利用料が自己負担上限額を超えているので、利用できます！

Eさんの年金収入のうち課税年金収入である老齢基礎年金は80万円であり、「世帯全員が市町村民税非課税（前年の公的年金等収入金額＋その他の合計所得金額の合計が80万円以下）」に相当しますので月額1万5,000円が上限額となります（図表2-12）。現在のEさんの介護保険サービスの利用料は月額1万9,000円ですので、この制度の対象になります。

⑥高額医療・高額介護合算制度 ☞ p.22

答え ○

自己負担上限額を超えているため、対象となります！

高額医療・高額介護合算制度は医療保険と介護保険の両方を利用している世帯の負担を軽減する制度です。Eさんの場合、高額療養費制度により1か月の医療費が「市町村民税非課税世帯区分Ⅰ」の8,000円となり（図表2-5）、高額介護サービス費により介護保険サービスの利用料は1万5,000円が上限となります（図表2-12）。同様の状態で支出が1年間（8月1日から翌年7月31日）続いたと想定すると、2万3,000円×12か月＝27万6,000円となります。Eさんのこの制度の所得区分は「市町村民税非課税世帯区分Ⅰ（課税所得である老齢基礎年金が80万円以下）」になると考えられ、1年間の自己負担上限額は19万円となることからこの制度の対象となります（図表2-13）。

⑦年金生活者支援給付金制度 ☞ p.88

答え ○

Eさんの収入状況の場合、この制度の対象となります！

老齢基礎年金を受給されている人の場合、①65歳以上の老齢基礎年金の受給者であること、②同一世帯の全員が市町村民税非課税であること、③前年の公的年金等の収入金額とその他の所得との合計額が87万8,900円以下であること、の3要件を満たしている場合、この制度の支給対象となります。

③の公的年金等の収入金額には非課税収入（Eさんの場合は遺族厚生年金）は含

まれませんので、①から③の要件すべてに該当します。なおこの制度では、③について77万8,900円を超え87万8,900円以下である人は補足的老齢年金生活者支援給付金が支給されることとなっています。Eさんの老齢基礎年金は年額80万円ですので、補足的老齢年金生活者支援給付金の支給が受けられます（図表2-53）。

⑧社会福祉法人等による生計困難者等に対する介護保険サービスに係る利用者負担額軽減制度 ☞ p.62

答え ✕

Eさんはこの制度の対象者の要件に当てはまりませんので、対象となりません！

この制度における対象者の要件では、年間収入が単身世帯で150万円以内であり、Eさんは遺族年金と老齢年金を合わせて年額180万円となりますので、市町村民税非課税世帯ではありますが、対象にはなりません（図表2-36）。

ワンポイントアドバイス

低所得により自己負担限度額が低い段階となっても、一度に支払う金額が多ければ、認知症のある人には大きな負担となります。各種制度を用いて軽減措置を講じつつ、窓口払いの金額を軽減できる方法も併せて検討が必要です。また、変形性膝関節症や認知症の進行によって状況は変化していきますので、収支と金銭管理の両方をモニタリングしていくことも欠かせません。Eさんのように、認知機能の低下により今まで自己管理できていた医療行為ができなくなった場合は、訪問看護の利用を検討しますが、事例のように疾患の急性増悪等により、集中的な医学管理・指導が必要となった場合は、医療保険による特別訪問看護（最長14日間）にて頻回な訪問が可能となります（[p.34]のCOLUMN2も参照ください）。

CASE6

血液透析療法のため通院していた患者が認知症を発症した事例

認知症のある人の基本情報

名前 F さん　**性別** 女性　**年齢** 68 歳

認知症の種類 アルツハイマー型認知症

要支援・要介護度 要介護 1　**家族構成** 夫（71 歳）と 2 人暮らし

キーワード 血液透析療法／糖尿病性腎症／家事援助

事例の概要

F さんは糖尿病性腎症があり、5 年前から血液透析療法を週 3 回受けています。通院の際には 1 人で透析に行く準備をし、クリニックの送迎を利用していました。買い物などの家事は、血液透析による倦怠感があることから夫が行っていましたが、食事は塩分を意識した献立で F さん自身が調理していました。

半年ほど前から、F さんはクリニックへ通う日時の記憶が曖昧になってきました。夫に何度も「明日は透析の日か？」と聞くようになり、出かける前には何度も持ち物を確認するため、準備に時間がかかるようになりました。クリニックの看護師からは「食事や水分の記録をつけるノートに空白が目立つようになり、コントロールが不良になってきている」との連絡もありました。夫も F さんの食事の味付けが変わってきていたことに気づいており、とても心配していました。

クリニックからの勧めもあり、介護保険の要支援・要介護認定を申請することにしました。結果は「要支援 2」となり、クリニックに併設している居宅介護支援事業所と契約し、週 2 回の訪問介護を利用し、当面は夫かホームヘルパーが一緒に調理を行うことになりました。

しかし、次第に週 2 回の訪問介護だけでは食事の準備が間に合わなくなっていき、夫が惣菜や弁当などを買い足すことが多くなってきました。血液透析に行く準備や着替えにも声かけ等が必要となり、夫の負担も増えてきました。夫は F さんの様子をみて、「このまま何もできなくなってしまうのではないか」

と不安になり、クリニックの主治医へ相談したところ、認知症の検査を提案されました。

近くの総合病院にあるもの忘れ外来を受診し、検査を受けたところ、アルツハイマー型認知症の初期であると診断されました。そして、進行予防のために抗認知症薬の服薬と通所介護（デイサービス）の利用を提案されました。ケアマネジャーからの提案で要支援・要介護認定の区分変更申請を行った結果、「要介護1」となったため、訪問介護を週に3回に増やし、通所介護を週に2回利用することにしました。食事は、訪問介護のない日は宅配食を利用し、夫が洗濯や掃除などを担うことになりました。週3回の血液透析療法のための通院を中心とした生活を安定しておくれるようにはなりましたが、利用するサービスが増えたことにより、夫は金銭的な不安をケアマネジャーに相談しています。

Fさんの現在の状況

- 血液透析療法のため週3回の通院を行っている。
- 医療保険は国民健康保険（3割）と特定疾病療養受療証を所持している。
- 身体障害者手帳（腎機能障害：1種1級）を所持しており、自立支援医療制度（更生医療）の認定を受けている。
- 介護保険サービスの利用料は、月額7,000円である。
- 夫は自営業であったため、老年基礎年金を受給しており、Fさんの老齢基礎年金と合わせると月額13万円の年金収入がある。いずれも満額の老齢基礎年金である。
- 自宅は公営住宅で、家賃は月額3万円である。
- 市町村民税非課税世帯である。

○×チェック!

現時点において、
Fさんは次の制度を利用できるでしょうか？

①特定医療費（指定難病）助成制度
②自立支援医療制度（精神通院医療）
③後期高齢者医療制度
④障害基礎年金
⑤高額介護サービス費
⑥自治体独自の障害者医療費助成制度
⑦高額療養費制度
⑧特別障害者手当

解答と解説

①特定医療費（指定難病）助成制度 ☞ p.41

答え ✕

Fさんの病気はこの制度の対象疾病ではありません！

Fさんが罹患している病気は糖尿病性腎症とアルツハイマー型認知症ですが、いずれも特定医療費（指定難病）助成制度の対象疾病ではないため、利用ができません（図表2-23）。

②自立支援医療制度（精神通院医療）☞ p.38

答え ○

アルツハイマー型認知症の治療のための通院等にはこの制度が利用できます！

Fさんはアルツハイマー型認知症と診断され、抗認知症薬の処方を受け、服薬を行っています。そのため、通院等を行う医療機関（この事例の場合は総合病院）が指定自立支援医療機関であれば、この制度を利用することができ、医療費の自己負担が1割に軽減されます（図表2-21）。Fさんは身体障害者手帳1種1級を所持しており、自治体独自の障害者医療費助成制度の対象となりますが、自立支援医療制度（精神通院医療）が優先されます。なお、Fさん本人の収入が80万円以下のため、1か月の自己負担限度額は2,500円となります（図表2-22）。

③後期高齢者医療制度 ☞ p.14

答え ○

Fさんは申請により、後期高齢者医療制度の対象になります！

後期高齢者医療制度は75歳以上の人と、65歳以上74歳以下で一定の障害のある方が申請により取得できる医療保険です。Fさんは68歳で、腎機能障害で身体障害者手帳1種1級を所持しており、一定の障害の範囲に包含されますので、申請によりこの制度を利用できるようになります。

ただし、Fさんの治療状況を確認すると、血液透析療法は後述の⑥のとおり自立支援医療制度（更生医療）により自己負担は1割となっており、さらに所得区分から勘案すると上限額は月額 2,500 円と考えます。アルツハイマー型認知症も前述する自立支援医療制度（精神通院医療）で同様の負担額になるため、あまりメリットはありません。この制度を申請し、資格取得することにより、今までの国民健康保険料から後期高齢者医療制度の保険料に変わりますので、負担が多くなるかもしれません。他の病気に罹患した場合には後述する自治体独自の障害者医療費助成制度も利用できる可能性があり、F さんは申請可能ですが、あまりメリットのない制度と考えます。

④障害基礎年金 ☞ p.71

答え ✕

F さんは障害基礎年金の受給はできません！

F さんは 5 年前から血液透析療法を受けていますので、63 歳時から治療を受けていると思われます。また、糖尿病性腎症によりその治療を受けているため、糖尿病と初めて診断された日（初診日）はそれ以前となります。さらに糖尿病性腎症は、糖尿病に罹患して 10 ～ 15 年以上経過して発症することが多いため、障害認定日は 10 数年前と考えられ、障害認定日には障害年金の認定基準に該当していなかったと仮定すると、今回障害基礎年金を申請する場合は事後重症請求になります。

障害年金は初診日が 65 歳以前の場合、65 歳以後でも申請できる場合があります。しかし、F さんは 65 歳以後に老齢年金受給権を取得しており（老齢基礎年金を受給）、事後重症請求となることから障害年金の請求はできません。

障害年金の認定基準によると、血液透析療法を受けている人は 2 級と認定されることとなっています（病状により 1 級になる場合もあります）。仮に障害基礎年金を受給できたとしても、2 級と認定された場合は F さんが現在受給している老齢基礎年金と金額は変わりませんので、あまりメリットはありません。

⑤高額介護サービス費 ☞ p.21

答え ✕

高額介護サービス費の上限額を超えていないので利用できません！

F さん世帯の場合、高額介護サービス費の段階は「世帯全員が市町村民税非課税」に相当すると考えられ、1 か月の上限額は 2 万 4,600 円となります（図表 2-12）。F さんの 1 か月における介護保険サービスの利用料は月額 7,000 円ですので、上限額を下回っているため、利用できません。

⑥自治体独自の障害者医療費助成制度 ☞ p.48

答え ○

利用できますが、現状ではあまりメリットがないかもしれません！

Ｆさんの医療費は、血液透析療法には自立支援医療制度（更生医療）、アルツハイマー型認知症には自立支援医療制度（精神通院医療）が利用でき、「低所得１」の場合、各々１か月の上限額が2,500円となっています（図表2-22）。自立支援医療制度（更生医療）とは、身体障害者手帳を所持している人で、その障害を除去・軽減する手術等の治療によって確実に効果が期待できるものに対して提供される、更生のために必要な自立支援医療費の支給を行う制度です。Ｆさんの場合、腎機能障害に対する血液透析療法がこの制度に該当します。医療費の自己負担は自立支援医療制度（精神通院医療）と一緒です。

また、Ｆさんは腎機能障害により１種１級の身体障害者手帳を取得しており、自治体独自の障害者医療費助成制度が利用できると思われます。しかし、前述した自立支援医療制度（更生医療・精神通院医療）の方が障害者医療費助成制度よりも優先されますので、自立支援医療制度の自己負担分を自治体が還付するなどの規定を設けていなければ、この制度利用のメリットはなさそうです。自治体によりさまざまですので確認することをお勧めします（図表2-30）。

⑦高額療養費制度 ☞ p.15

答え ○

Ｆさんは、血液透析療法においてこの制度を利用しています！

Ｆさんの医療費は、先述のとおり血液透析療法もアルツハイマー型認知症も自立支援医療制度によって軽減されています。このうち血液透析療法は高額な治療法であり、この治療に対する高額療養費制度として、特定疾病療養受療制度が設けられています。

さまざまな制度がどのようにＦさんの医療費を軽減しているかを説明すると、まず国民健康保険が医療費の７割分を負担します。そして、残りの３割分のうち１万円を除いた金額が高額療養費（特定疾病療養受療証）として除かれます。さらに１万円のうち、2,500円（Ｆさんの自立支援医療制度の上限額）を除いた額を自立支援医療制度が負担します。表面的には高額療養費制度は見えないのですが、実際には利用していることになります。

⑧特別障害者手当 ☞ p.81

答え ×

現時点では、この手当を受給できる可能性は低そうです！

特別障害者手当の対象者は、精神または身体に著しく重度の障害があり、日常生活に常時特別な介護を要することが要件となっており、Fさんは血液透析療法は受けていますが、認知症での精神の障害が重度であるといえず、対象にならない可能性が高いと思われます。今後の病状の進行により、対象となる場合もありますので、病状の変化を観察していくことが重要です（図表2-49, 2-50）。

ワンポイントアドバイス

近年、血液透析療法を受ける患者さんの原疾患で最も多くなっているのが糖尿病性腎症です。この治療を受ける患者さんの年齢は高齢化してきており、それに伴って認知症を発症する人も増えてきています。通院のための準備や通院手段など、さまざまな支援が必要になってくる人の増加が懸念されます。経済的理由でこれらの支援が受けられなくなってしまわないよう、広範な制度の理解と活用が支援者には求められます。

医療費に関する制度は複雑です。認知症のある人が治療を受けている医療機関のソーシャルワーカーなどと情報交換等を行いながら進めていくことをお勧めします。

CASE7

産業医からの指示により受診した結果若年性認知症と診断され、休職となった事例

認知症のある人の基本情報

名前 Gさん　**性別** 男性　**年齢** 55歳

認知症の種類 アルツハイマー型認知症

要支援・要介護認定 未申請

家族構成 妻（48歳）、子ども2人（15歳、17歳）と同居

キーワード 若年性認知症／休職／世帯主

事例の概要

Gさんは大学卒業後、水道工事の会社で勤務し、保守点検業務を行っていました。53歳のときの人事異動により、予算管理等を行う事務部門に配属されました。Gさんは慣れない業務による緊張と不安のなか、ストレスが高い生活を送っていました。

しばらくすると、忘れることが極端に増えてきたとGさん自身が自覚するようになってきました。作業中に声をかけられると、どこまでやっていたのかがわからなくなりました。また、仕事の優先順位をつけられず、同時に複数のことを処理することが難しくなってきました。家でも妻から「話を聞いていない」と言われることが増え、職場の上司からも、仕事の要領が悪いと指摘されるようになってきました。その頃、後頭部の圧迫感や体のだるさも感じたため、近くの医療機関の脳神経外科を受診しましたが、その際の脳のMRI検査では特に異常はありませんでした。

その後も仕事でのミスが続いたこともあり、54歳のときに産業医から認知症の検査を受けるように指示され、大学病院の認知症疾患医療センターで検査を受けました。検査の結果、若年性認知症（アルツハイマー型認知症）と診断され、抗認知症薬が処方され、定期的な受診が始まりました。その後は産業医の指示により、作業的な業務を中心に、なんとか仕事を継続していました。

診断から1年が経ち、徐々に時間どおりに出勤することや、課された業務を

行うことが難しくなってきました。また気持ちが沈むことが多くなり、仕事は休みがちになっていきました。自宅でも家族とあまり話をしなくなり、自室にこもる日々が増えていきました。

欠勤に対して有給休暇を消化した後は、会社の規定で3か月間は給料が支給されていましたが、55歳になった現在は、無給の休職期間となっています。主治医や産業医、人事担当者との話し合いのもと、年度末で早期退職することになりました。中学生と高校生の子どもがおり、妻はこれからの教育費や住宅ローンの支払いなど、先行きに不安を感じています。

Gさんの現在の状況

- 家族は妻（48歳：専業主婦）、長男（17歳：高校2年生）、次男（15歳：中学3年生）の4人家族。
- 自宅は持ち家であるが、ローンの支払いが20年残っている。
- 医療保険は協会けんぽ（3割負担）である。
- 市町村民税課税世帯であり、税額は年36万円となっている。
- アルツハイマー型認知症のための通院にかかる医療費の自己負担額は3割負担で、1か月1万2,000円となっている。

○×チェック!

現時点において、
Gさんは次の制度を利用できるでしょうか？

①特定医療費（指定難病）助成制度
②自立支援医療制度（精神通院医療）
③後期高齢者医療制度
④傷病手当金（医療保険）
⑤障害厚生年金
⑥雇用保険の求職者給付（基本手当）
⑦高額障害福祉サービス等給付費
⑧精神障害者保健福祉手帳

解答と解説

①特定医療費（指定難病）助成制度 ☞ p.41

答え ×

アルツハイマー型認知症はこの制度の対象になっていないため利用できません！

Gさんが治療をしているアルツハイマー型認知症はこの制度の対象にはなっていないため、利用することはできません（図表2-23）。

②自立支援医療制度（精神通院医療） ☞ p.38

答え ○

アルツハイマー型認知症の通院治療はこの制度を利用できます！

Gさんが通院治療を受けているアルツハイマー型認知症は、この制度の対象となります（図表2-21）。Gさんの市町村民税は「一定所得以上」という所得区分であり、かつ「重度かつ継続」に該当するため、月額2万円が上限となります（図表2-22）。重度かつ継続で一定所得以上の人は、「障害者総合支援法施行令」の改正による経過的特例の期限が2024（令和6）年3月31日から2027（令和9）年3月31日までへと延長されました。この制度の利用により、Gさんの自己負担は3割負担から1割負担になります。

③後期高齢者医療制度 ☞ p.14

答え ×

Gさんの年齢ではこの制度の対象者にはなりません！

後期高齢者医療制度は、75歳以上の人、65歳以上74歳以下で一定の障害のある人が対象となっています。Gさんは現在55歳であり、この制度の要件には該当しません。ただし65歳になった時点では、再度の検討が必要です。

④傷病手当金（医療保険）☞ p.68

答え ○

Gさんは、休職期間（無給）となった時点にさかのぼって申請が可能です！

傷病手当金の支給要件である、会社を休んだ日が連続して3日間以上あることはすでに満たしていますので、すぐに申請が可能となります（図表 2-39）。標準報酬月額（傷病手当金の支給開始日の属する月以前の直近の継続した12か月の各月の標準報酬月額の平均額）の30分の1の額の3分の2が支給されることとなっています（日額）。報酬がこの額を上回る間は支給されません。

Gさんの場合、無給の休職期間となった時点から受給でき、退職までに1年以上の被保険者期間があるため、退職後も通算1年6か月間は傷病手当金を受けることができます（図表 2-40）。

⑤障害厚生年金 ☞ p.72

答え ✕

現時点では利用することができませんが、6か月後に申請が可能です！

Gさんはアルツハイマー型認知症と診断された日から1年を経過しており、6か月後に障害認定日を迎えます。その時点で申請を行い、障害厚生年金の認定基準に該当すれば支給を受けることができます（図表 2-41, 2-42）。なお、障害厚生年金（2級以上の場合は障害基礎年金も支給）が支給されるようになった際、傷病手当金の支給と期間が重なった場合には、年金額が傷病手当金より少なければその差額が支給されます。

Gさんは後頭部の圧迫感や体のだるさを理由に、近くの医療機関の脳神経外科を受診しています。その際には異常は確認されていませんが、その後の経過をみるとアルツハイマー型認知症との因果関係が認められるかもしれません。

⑥雇用保険の求職者給付（基本手当）☞ p.76

答え ○

Gさんは退職後に失業等給付の求職者給付（基本手当）を受給することができます！

雇用保険は、政府が管掌する強制保険制度のひとつであり、雇用保険の被保険者であるGさんは、離職後に再就職するまでの失業している間の生活支援給付として、基本手当を受給できます（図表 2-46）。ただし、Gさんは現時点では前述した④傷病手当金を受給していると推測されるため、30日以上継続して就業に就くことができなかった日の翌日以降に「受給期間延長申請書」を提出し、基本手当を受給できる期間を先送りにする方がよいと考えられます。将来的に⑧精神障害者保健福祉手帳を取得したのち、障害者枠等での求職活動を再開した場合に、基本手当を受け取る方がよいでしょう。

⑦高額障害福祉サービス等給付費 ☞ p.31

答え ×

Gさんは障害福祉サービスを利用していないため、対象になりません！

この制度は、同一世帯で障害福祉サービスや介護保険サービス等の利用者負担額の合計が1か月に3万7,200円を超えた場合、申請することにより超過分が還付されるものです（図表 2-16）。Gさんは現在55歳であり、障害福祉サービスや介護保険サービスの利用がありません。今後、認知症の進行によりサービスの利用が必要となった場合には、特定疾病の「初老期における認知症」となるため基本的には介護保険サービスが優先となります。介護保険サービスにないサービス（就労継続支援等）は障害福祉サービスを利用することになりますので、その時点で再度検討する必要があります。

⑧精神障害者保健福祉手帳 ☞ p.47

答え ○

Gさんの認知症の状態により、この手帳が取得できる可能性があります！

Gさんは現在アルツハイマー型認知症により就労が困難となっており、この手帳の認定基準に該当する可能性があります（図表 2-26, 2-27）。アルツハイマー型認知症の初診日から通院を継続しており、既に6か月を経過していることから、申請することができます。

ワンポイントアドバイス

若年性認知症の場合は、病気や休職に対する会社独自の制度や規定がありますので、その確認が必要となります。また公務員の場合は民間企業等に勤務するよりも内容は充実しています。認知症の発症により仕事ができないと判断し、退職を急ぐことがないよう、それぞれ制度の内容を確認することが必要です。自立支援医療制度や保険料の納付免除制度などを活用し、支出を減らし、傷病手当金や雇用保険の失業等給付などで収入を増やすように工夫が必要です。
Gさんは無給の休職期間に入り、年度末で退職することになりました。今後、住宅ローンの返済により家計が破綻する可能性があります。一般的に住宅ローンを銀行などの金融機関で契約する際には、団体信用生命保険への加入が条件であることが多く、万一の事態の際には残金を保険金で一括返済できる場合があります。そのような保証に該当するか、契約書を確認することをお勧めします。また、保証がない、あるいは該当するほどの状態にはなっていないなどの場合には、返済期間を延長して毎月の返済額を低くするなどの相談を金融機関へするのも一案と考えます。

CASE8

急な認知機能低下を発症し、治療可能な正常圧水頭症の治療を拒否する事例

認知症のある人の基本情報

名前 Hさん　**性別** 男性　**年齢** 75歳

認知症の種類 特発性正常圧水頭症

要支援・要介護認定 認定なし　**家族構成** 1人暮らし

キーワード 急な認知機能低下／高額な手術費用／治療拒否

事例の概要

Hさんは青果業を営んでいましたが、70歳で店を閉め、妻の他界後は1人暮らしをしていました。身の回りのことは自立しており、特に困ることはなく、収入は老齢基礎年金のみでしたが、貯金を切り崩しながら生活していました。

ある日、隣市に住む娘が電話をかけた際、会話がかみ合わないところがあったため心配になり、翌日に様子を確認するために訪問しました。自宅には洗濯物がたまっており、掃除ができていない様子がうかがえました。娘がHさんに体の調子を尋ねると、「最近、よく転ぶ。トイレも近くなって間に合わないことがある」と話しました。しかし、Hさん自身は「大丈夫。年のせいだから……」というので、しばらく様子をみることにしました。

しかし、1週間後に娘が訪問すると、机の上に請求書などが散乱している状態で、先週娘が訪問したことも覚えていませんでした。元来は几帳面な性格のHさんだったので、娘は明らかにおかしいと思い、Hさんに病院へ行くように言いました。最初は「たいしたことない」と言って受診を渋っていましたが、娘の説得により近所のA病院を受診することにしました。問診後に、CT（コンピュータ断層撮影）検査を行ったところ、特発性正常圧水頭症の疑いがあると説明され、脳神経外科専門のB病院を紹介されました。翌日受診すると、入院による検査を指示され、5日間入院し、タップテスト等を行いました。退院後の外来にて、特発性正常圧水頭症であると検査結果が伝えられました。そして、シャント手術を行うことにより、認知機能や身体機能の改善が見込まれる

と説明を受けました。

しかしＨさんは手術を拒否しました。理由を確認すると、今までの検査や入院での医療費の負担がかなり大きく、手術費用の支払いが困難であること、その後の生活費も心配だとのことでした。

Ｈさんの現在の状況

- 医療保険は後期高齢者医療制度（1 割負担）である。
- 収入は老齢基礎年金のみで、月 6 万 6,000 円である。
- 市町村民税非課税である。
- 自宅は持ち家で、預貯金が 200 万円ある。
- 子どもは娘が 1 人で、隣市に居住している。

○×チェック!

現時点において、
Ｈさんは次の制度を利用できるでしょうか？

①特定医療費（指定難病）助成制度	⑤生活保護制度
②自立支援医療制度（精神通院医療）	⑥年金生活者支援給付金制度
③高額療養費制度	⑦身体障害者手帳
④高額介護サービス費	⑧精神障害者保健福祉手帳

解答と解説

①特定医療費（指定難病）助成制度 ☞ p.41

答え ×

特発性正常圧水頭症は、この制度の対象疾病ではありません！

特発性正常圧水頭症は、特定医療費（指定難病）助成制度の対象となっていません（図表 2-23）。指定難病の要件は、①発病の機構が明らかでない、②治療方法が確立していない、③患者数が人口の 0.1％程度に達しない、④長期の療養を必要とするもの、⑤診断に関し客観的な指標による一定の基準が定まっていることとなっています。
「障害者の日常生活及び社会生活を総合的に支援するための法律（障害者総合支援法）」の対象となる難病等では、②④⑤が要件とされており、特発性正常圧水頭症は制度開始当初は含まれていましたが、その後の検討により④に該当しないことから、「障害者総合支援法」も対象外となっています。

②自立支援医療制度（精神通院医療）☞ p.38

答え ×

特発性正常圧水頭症の治療は通院ではなく、また対象疾患ではないため、利用できません！

自立支援医療制度（精神通院医療）は、精神疾患のための通院医療（正確には入院外の医療）が対象です。Hさんは入院してシャント手術を受けることとなっており、この制度により入院医療費は軽減されません。また、特発性正常圧水頭症は、この制度の対象疾患ではありません（図表2-21）。

③高額療養費制度 ☞ p.15

答え ○

医療保険の自己負担額の上限が1万5,000円になります！

Hさんの収入から勘案すると、所得区分は「市町村民税非課税世帯区分Ⅰ」になりますので（図表2-5）、後期高齢者医療制度の限度額適用・標準負担額減額認定証の申請により、1か月の自己負担額の上限は1万5,000円になり、入院食事療養費も一般病棟の場合1食490円から110円に減額されます（図表2-4）。

④高額介護サービス費 ☞ p.21

答え ×

Hさんは介護保険サービスを利用していませんので、この制度は対象外です！

高額介護サービス費は、介護保険の自己負担額が上限を超えた場合に払い戻す制度です。現在Hさんは、介護保険サービスを利用していないので、この制度は利用できません。しかし、今後利用することになった場合は、該当する可能性はあります。

⑤生活保護制度 ☞ p.53

答え ✕

H さんの現在の経済状況では、生活保護制度の対象にはなりません！

H さんの収入は老齢基礎年金のみであり、その状況から考えると生活保護制度の受給対象になりそうです。しかし、預貯金を 200 万円所持していることなどから、現時点ではこの制度の対象にはなりません。今後、預貯金を切り崩しながら生活をしていくことで、対象になる可能性はあります。

⑥年金生活者支援給付金制度 ☞ p.88

答え ○

H さんはこの制度の対象になります！

年金生活者支援給付金は、消費税率引き上げ分を活用して公的年金等の収入金額やその他の所得が一定基準額以下の人に対し、生活の支援を図ることを目的として年金に上乗せ支給される制度です。この制度のなかの老齢(補足的老齢)年金生活者支援給付金の支給要件は、① 65 歳以上の老齢基礎年金の受給者であること、②同一世帯の全員が市町村民税非課税であること、③前年の公的年金等の収入金額とその他の所得との合計額が 87 万 8,900 円以下であることとなっており、これらすべてを満たしていることが必要です（図表 2-53)。③については、77 万 8,900 円を超え 87 万 8,900 円以下である人の場合、補足的老齢年金生活者支援給付金が支給されることとなっています。

補足的老齢年金生活者支援給付金の計算は以下となります（2024（令和 6）年 4 月現在)。

（5,310 円×保険料納付済期間÷ 480 か月）×（87 万 8,900 円－前年の年金収入金額とその他の所得の合計額）÷ 10 万円

H さんの老齢基礎年金は満額ですので、40 年間国民年金保険料を納めていると考えられ、その場合の給付金額は、(5,310 円× 480 か月÷ 480 か月)×(87 万 8,900 円－ 79 万 5,000 円）÷ 10 万円≒ 4,455 円となります。

⑦身体障害者手帳 ☞ p.47

答え ✕

身体障害者手帳には該当しないと思われます！

Hさんは、シャント手術により身体機能の改善が見込まれることから、身体障害者手帳の認定基準に該当しないと考えられます。

⑧精神障害者保健福祉手帳 ☞ p.47

答え ✕

精神障害者保健福祉手帳には該当しないと思われます！

Hさんは、シャント手術により認知機能の改善が見込まれることから、精神障害者保健福祉手帳の認定基準に該当しないと考えられます。

ワンポイントアドバイス

入院医療では、医療費の自己負担に加え、入院時食事療養費や差額ベッド代など、多くの費用がかかります。この事例では、各種公費負担医療制度は利用できませんが、後期高齢者医療制度の限度額適用・標準負担額減額認定証により自己負担と入院時食事療養費が軽減できます。正常圧水頭症は治療可能な認知症とされており、シャント手術にて認知機能や身体機能の改善が見込まれるため、医療費の支出は一過性のものとなりそうです。ですが、治療が遅れることにより、さまざまな障害の出現につながります。回復の見込みと医療費軽減のための制度の両方を組み合わせて情報提供することで、Hさんに安心して治療を受けてもらうことができるでしょう。

CASE9

介護者が軽度認知障害となり、夫婦2人の介護が必要となった事例

認知症のある人の基本情報

名前 Iさん　**性別** 男性　**年齢** 70歳
認知症の種類 軽度認知障害（MCI）
要支援・要介護度 要介護1　**家族構成** 妻（64歳）と2人暮らし
キーワード 入院医療費／老々介護／胃がん／見当識障害

事例の概要

Iさんが65歳のときに、6歳年下の妻が脳梗塞を発症しました。以来、妻は車いすでの生活となりましたが、定年退職していたIさんが主介護者となり、介護保険サービスを利用して自宅での生活を続けていました。その1年後、Iさんが妻の訪問リハビリの曜日を間違えることが再三起きたため、ケアマネジャーの勧めもあり近所のもの忘れ外来を受診したところ、軽度認知障害（MCI）と診断されました。この時点では日常生活は自立していたため、大きな支障はなく今までどおりの生活を維持していました。

しかし、Iさんが70歳のとき、体調不良が続いたため、近くのA病院の内科を受診したところ、検査入院を指示されました。ケアマネジャーと相談し、妻のショートステイ先を手配し、入院して検査を受けた結果、早期の胃がんと診断され、手術を受けることになりました。Iさんの入院中、妻は引き続きショートステイを利用することにし、近隣に住む娘が両親の面倒をみることになりました。

Iさんの手術は無事に終わりましたが、ICU（集中治療室）に入室しているときに、時間や場所がわからなくなり混乱しました。一般病室に移ってからも、見当識障害の改善はみられず、医師や看護師からの指示への理解も曖昧な状況でした。Iさんは娘に「早く自宅に帰りたい」と何度も訴えました。主治医からは自宅での療養環境が整うまでは退院できないとの説明があり、娘は病院のソーシャルワーカーと相談しながら、要介護認定申請を行いました。その結果、

「要介護 1」と認定されたため、妻のケアマネジャーが在籍する居宅介護支援事業所と契約を行いました。

病院で実施された退院カンファレンスにて、訪問看護、訪問介護、通所リハビリテーション等のサービスが必要であること、当面妻の介護は体力的にも難しいことがIさんに説明されました。しかし、Iさんは頑なに介護保険サービスの利用を拒否しました。認知機能の低下があるため、病識が低いと判断されていましたが、娘より「父は金銭的なことを心配していると思う」との話がありました。

Iさんは、自身の医療費や妻の介護保険サービスの利用料の支払いをとても心配しており、さらに自分のためにサービスを利用することを躊躇していました。

Iさんの現在の状況

- 妻は脳梗塞の既往歴があり、要介護 3 で、週 3 回のデイサービスを利用（1 か月 2 万円）。
- I さんの医療保険は国民健康保険と高齢受給者証である（2 割負担）。
- 収入は I さんの老齢基礎年金と老齢厚生年金である（月額 17 万円）。また、預貯金が 300 万円ある。
- I さん世帯は市町村民税非課税世帯である。
- 自宅は持ち家であるが、住宅ローンがあり月額 5 万円の支払いがあと 3 年ある。
- 娘は近隣に居住しているが、金銭的な支援は難しい。

○×チェック!

現時点において、
I さんは次の制度を利用できるでしょうか？

①高額療養費制度
②高額介護サービス費
③後期高齢者医療制度
④高額医療・高額介護合算制度
⑤境界層該当（介護保険制度）
⑥特別障害者手当
⑦年金生活者支援給付金制度
⑧社会福祉法人等による生計困難者等に対する介護保険サービスに係る利用者負担額軽減制度

解答と解説

①高額療養費制度 ☞ p.15

答え ○

Iさんの医療費には高額療養費制度が利用できます！

Iさんは入院して胃がんの手術を受けています。医療費の自己負担は2割負担で（図表2-3）、「市町村民税非課税世帯区分Ⅱ」に該当することから自己負担上限額が2万4,600円となります（図表2-5）。Iさん世帯は市町村民税非課税世帯ですので、限度額適用・標準負担額減額認定証の交付を受けることによって、窓口払いが自己負担上限額になり、入院時食事療養費は1食230円となります（一般病棟：90日までの入院の場合（図表2-4））。

②高額介護サービス費 ☞ p.21

答え ×

Iさんは現在入院中のため、介護保険サービスを利用しておらず、この制度は利用できません！

Iさんは今後在宅療養を行う上で、訪問看護、訪問介護、通所リハビリテーション等のサービスが必要とされています。Iさんの経済状況から勘案すると高額介護サービス費の段階は「世帯全員が市町村民税非課税」と考えられ、世帯で1か月2万4,600円が自己負担上限額となり、上限額を超えた場合、申請により払い戻しがあります（図表2-12）。なお、妻も介護保険サービスを利用していますので、合計額が対象となります。

③後期高齢者医療制度 ☞ p.14

答え ×

Iさんは現段階では後期高齢者医療制度の利用は困難と考えられます！

Iさんは MCI があり、入院により見当識障害が生じていますが、認知症とは診断されていません。後期高齢者医療制度は75歳以上の人と65歳以上74歳以下で一定の障害のある人が申請により利用できる制度です。認知症の場合は、精神障害者保健福祉手帳の1～2級の人が対象となります（図表2-27）。Iさんは現在この制度で定める障害の状態にはなっていないため、利用できません。

④高額医療・高額介護合算制度 ☞ p.22

答え ✕

Iさん世帯は、自己負担上限額を超えてはいないため、現段階では利用はできません！

Iさん世帯の経済状況から考えると、医療費と介護保険サービスの利用料の合計は1年につき34万円が自己負担上限額となります（図表2-13）。現在のIさんの医療費は、胃がん手術のため2か月入院したとして、入院治療費が4万9,200円（医療費上限額2万4,600円×2か月）（図表2-5）かかり、妻が週3回通っているデイサービス分の介護保険利用料の24万円（2万円／月×12か月）と合わせても28万9,200円です。また、Iさんの入院中の2か月に妻がショートステイを利用したことを勘案しても、高額医療・高額介護合算制度のIさん世帯の自己負担上限額にはギリギリ届きません（Iさんの2か月分の入院治療費4万9,200円＋妻の年間の介護保険サービス利用料24万9,200円［ショートステイ利用月（Iさんの入院期間である2か月間）は月額が上限額の2万4,600円、デイサービスのみを利用する通常月は月額2万円とする］＝29万8,400円）。つまり、Iさん世帯の医療費・介護保険サービス利用料の合計額は、いずれにしても自己負担上限額の34万円には達しないため、利用できないと思われます。

⑤境界層該当（介護保険制度）☞ p.56

答え ✕

Iさんの収入は生活保護基準を上回っているため、境界層該当にはならない可能性が高いです！

Iさんの収入（年金）は生活保護基準を上回っています。今後の医療費や介護保険サービスの利用料にもよりますが、最低基準を下回らない可能性の方が高く、預貯金もふまえると境界層該当の可能性は低いと考えます（図表2-33）。

⑥特別障害者手当 ☞ p.81

答え ✕

Ｉさんの状態ではこの制度の認定基準に該当しないと思われます！

Ｉさんの介護保険サービスの利用拒否に対して、医療スタッフは認知機能の低下があるため病識が低いと判断していますが、娘は金銭面への心配が原因ではないかと話しています。そのため、現段階では判断能力がないとはいえないことから重度の障害があるとはいえないため、特別障害者手当は受給できないと考えます（図表 2-49, 2-51）。

⑦年金生活者支援給付金制度 ☞ p.88

答え ✕

Ｉさんの年金収入の額では、この制度の対象にはなりません！

老齢（補足的老齢）年金生活者支援給付金の支給要件は、① 65 歳以上で老齢基礎年金を受けていること、②請求される人の世帯全員の市町村民税が非課税となっていること、③前年の年金収入額とその他の所得額の合計が 77 万 8,900 円を超え 87 万 8,900 円以下であることの 3 つです（図表 2-53）。Ｉさんは③の条件に該当しないことから支給対象になりません。

⑧社会福祉法人等による生計困難者等に対する介護保険サービスに係る利用者負担額軽減制度 ☞ p.62

答え ✕

Ｉさんは年金収入の額が多いため、この制度は利用できません！

この制度は、低所得で生計が困難である人や生活保護受給者に対して、介護保険サービスの提供を行う社会福祉法人等が利用者負担を軽減して介護保険サービスを提供する事業です。軽減の対象者の要件のひとつに、「年間収入が単身世帯で 150 万円、世帯員が 1 人増えるごとに 50 万円を加算した額以下であること」とあり、Ｉさん世帯はこの額を超えることから、利用することができません（図表 2-36）。

ワンポイントアドバイス

この事例は、入院による高額な医療費と今後必要となる介護保険サービスの利用料について、その額と見通しが立たないことから必要な支援を拒む結果となっていると考えられます。ここであげた制度では、使えるものが高額療養費制度のみになりますが、Iさんは市町村民税非課税世帯であることから、限度額適用・標準負担額減額認定証の交付、今後在宅療養を行う上での高額介護サービス費（妻の利用分を含む）等の制度の活用により、経済負担の軽減をかなり図ることができるといえます。
住宅ローンについては、あと１年で妻が老齢年金の受給権を得ると考えられますので、金融機関と支払額や支払期間に関する相談をするのも一方法と考えます。

第2節

中等度の認知症のある人の事例

第2節で紹介する中等度の認知症のある人の事例は、介護サービスを利用しても日常生活をおくることに支障がある人、認知症の進行により入院治療が必要な人など、日常生活への影響が大きくなり、介護ニーズと医療ニーズの両方が高くなってきている人をイメージして作成しました。

ここで紹介する5事例がかかえる疾患は、アルツハイマー型認知症、前頭側頭型認知症、レビー小体型認知症、血管性認知症の4種類です。

これらのニーズに対応するためにサービスを十分に利用できるようにしようとすると、経済的負担も高くなります。そのため、必要なサービスの利用を勧めても拒否されたり、制限されたりすることがあります。このような背景には、経済面の不安や心配があることも少なくありませんので、経済的支援では社会保障制度とセットでサービスの利用を提案することが求められます。

また、医療・介護サービスを多く必要とする状況になってくると、支援者は先行きを心配して生活保護制度の利用を考えてしまいがちです。しかし、生活保護制度は他法優先です。生活保護制度以前に活用できる社会保障制度は数多くありますので、事例を通してこれらの法制度の活用方法を学んでいただければと思います。

CASE 10

若年性認知症と診断され、てんかんの併発により自宅での介護が難しくなってきた事例

認知症のある人の基本情報

名前 J さん　**性別** 男性　**年齢** 64 歳

認知症の種類 アルツハイマー型認知症

要支援・要介護度 要介護 2　**家族構成** 妻（57 歳）と 2 人暮らし

キーワード 若年性認知症／てんかん／転倒

事例の概要

J さんは広告代理店に勤務していましたが、60 歳を過ぎた頃より、穏やかな性格から、怒りっぽくなってきたと妻は感じていました。

その後、朝食で何を食べたかを夜には忘れていたり、よく行くスーパーの方向や場所に戸惑うことがあり、もの忘れが気になるようになりました。また、会社から妻へ連絡があり、J さんは書類の作成ができず、スケジュール管理が難しくなっていることを告げられました。

心配になった妻は J さんを A 病院の精神科に連れて行きました。診察の結果、アルコールによる影響が大きいと診断され、禁酒指導を受けました。

J さんは禁酒はできましたが、もの忘れや仕事上の失敗は続きました。さらに、持病である糖尿病の悪化もあり、休職期間を経て、62 歳で会社を退職しました。退職後は、スポーツジムに通いながら、かかりつけ内科への通院を続けていました。

その後も、もの忘れや日常生活のなかでの失敗は増え、かかりつけ医より、B 病院の認知症外来を紹介され、受診しました。認知機能や画像などの検査を受けた結果、若年性認知症（アルツハイマー型認知症）と診断され、進行予防のため抗認知症薬の服用と介護保険サービスの利用を勧められました。妻はすぐに要介護認定の申請を行い、「要介護 1」の結果が出たため、自宅近くの居宅介護支援事業所との契約を交わし、週 2 回の通所リハビリテーション（デイケア）の利用を開始しました。

半年後、デイケアのスタッフから、利用中に焦点が合わないようなことがあるという報告を受け、脳神経外科を受診すると、てんかんの傾向があると診断され、抗てんかん薬が処方されました。

その頃より、妻は経済的な理由からパートを始めました。Jさんが日中に1人になることを心配した妻は、ケアマネジャーに相談し、デイケアの利用を週5日に増やしました。しかし、1か月利用した時点で、妻より週5回のデイケアの利用料金の支払いが厳しいとの相談があり、利用回数を週3回に減らしました。

64歳になったある日、妻がパートから帰宅するとJさんが、てんかん発作によるふらつきで、自宅の階段の下で倒れていました。階段から転落した際に頭を強く打ったようでした。妻はすぐに救急車を呼び、Jさんは救急搬送されました。そこで、急性硬膜下血腫が見つかり、緊急手術にて血腫除去術を施行し、一命をとりとめました。その後、リハビリテーションを受け、近々退院の予定となっています。さいわいにも麻痺等は出ておらず、入院前と同じ日常生活動作（ADL）まで改善しています。

妻は退院後の生活について、今までと同じサービス量では在宅介護は難しいと感じていますが、経済面からサービス利用を増やすことができないこともあり、どうすればよいか不安を抱えています。

Jさんの現在の状況

- Jさんの収入はなく、妻のパート収入は月8万円ほどである。
- Jさんの医療保険は国民健康保険証（3割負担）である。今年度からは市町村民税非課税世帯となっている。
- 自宅は持ち家であるが、住宅ローンが1年間分残っている。
- Jさんの退職金は、ローンの繰り上げ返済に充てたため、残金はない。貯蓄は300万円ある。
- 入院前の医療費の支払いは月3万円程度、介護保険サービスの支払い（デイケア）は月8,000円程度であった。
- 近くに息子が居住しているが、経済的な支援は難しい。

○×チェック!

現時点において、
Jさんは次の制度を利用できるでしょうか?

①高額療養費制度
②自立支援医療制度（精神通院医療）
③特定医療費（指定難病）助成制度
④精神障害者保健福祉手帳
⑤身体障害者手帳
⑥障害基礎年金
⑦特別障害者手当
⑧生活保護制度

解答と解説

①高額療養費制度 ☞ p.15

答え ○

Jさんの入院医療費には、高額療養費が適用され、食事の自己負担額も軽減されます！

Jさんは市町村民税非課税世帯のため、1か月の自己負担上限額は3万5,400円となります（図表2-5）。ただし、事前に「限度額適用・標準負担額減額認定証」を取得し、医療機関の窓口に提示しておかなければ、医療費（保険診療分）総額の3割が請求されることとなり、緊急手術などを行っているため、一部負担金が高額になります。この認定証により入院時食事療養費自己負担額も軽減され、1食230円となります（図表2-4）。

②自立支援医療制度（精神通院医療）☞ p.38

答え ○

Jさんはアルツハイマー型認知症とてんかんの通院医療を受けており、この制度の対象になります！

Jさんの通院医療費（入院外）のうち、認知症とてんかんの治療に関しては、この制度の利用が可能です（図表2-21）。1か月3割負担で3万円の自己負担が生じていますので、この制度利用により負担額は1万円となり、さらに、市町村民税非課税世帯であること、かつJさん本人の収入がないことから所得区分は低所得1となり、1か月の自己負担限度額は2,500円となります（図表2-22）。

③特定医療費（指定難病）助成制度 ☞ p.41

答え ✕

Jさんの認知症は対象ではありません！

Jさんのアルツハイマー型認知症、てんかんはこの制度の対象疾病ではないため、利用することはできません（図表2-23）。

④精神障害者保健福祉手帳 ☞ p.47

答え ○

Jさんは利用できる可能性が高いです！

Jさんはアルツハイマー型認知症の診断を受けた後に治療を継続されており、6か月を経過していることから状態にもよりますがこの手帳を取得できる可能性は高いと考えられます（図表2-26, 2-27）。申請に関しては、障害年金の申請を行った後にその等級をもってこの手帳を取得する方法もあります（例えば、障害基礎年金2級が受給できる場合、精神障害者保健福祉手帳は2級となります）。それにより診断書料金の軽減にもつながると考えます。

⑤身体障害者手帳 ☞ p.47

答え ✕

Jさんは利用できない可能性が高いです！

Jさんは、急性硬膜下血腫の手術を受け、リハビリテーションにより麻痺等はなく、入院前と同じADLまで改善していることから、この手帳の取得の可能性は低いと考えます（図表2-26, 2-28）。

⑥障害基礎年金 ☞ p.71

答え ○

Jさんは障害基礎年金を受給できる可能性があります！

Jさんはアルツハイマー型認知症やてんかんの初診日から1年6か月を経過しているため、障害基礎年金を受給できる可能性があります（図表2-42）。Jさんは在職中、厚生年金加入者であったと考えられ、65歳になると老齢厚生年金と老齢基礎年金の受給権が発生します。その際に受ける年金を選択することができます。障害基礎年金の受給ができたと仮定した場合、65歳からは障害基礎年金と老齢厚生年金の組み合わせ、あるいは老齢基礎年金と老齢厚生年金の組み合わせが想定されます（図表2-45）。障害基礎年金が1級になれば、前者の組み合わせの方が支給額は多くなると思われます（図表2-43）。

⑦特別障害者手当 ☞ p.81

答え ✕

Jさんの状態はこの手当の認定基準までには達していない可能性が高そうです！

Jさんの場合、身体面は回復の見込みがあるため、精神障害単一での認定となります。特別障害者手当の認定基準に照らすと、該当しそうにないと考えます（図表2-49, 2-51）。今後の状態を観察しながら、検討していくとよいといえます。

⑧生活保護制度 ☞ p.53

答え ✕

Jさんは、生活保護制度は利用できないと考えられます！

Jさんは以上解説をしてきたさまざまな法制度の活用により、経済状況の改善が見込まれるとともに、貯蓄もあることから生活保護制度の利用は困難と判断します。しかし、将来的に施設入所を行った場合は、利用料の負担額が増えると思われ、その時点で収入との兼ね合いを再度検討する必要があります。

ワンポイントアドバイス

60～64歳は、退職から年金受給までの空白期間であることが多く、発病や障害発生が経済問題を生じさせやすいといえます。Jさんの場合、住宅ローンがあと1年残っており、また1年経てば、老齢年金の受給権を得ることができますので、この1年間をどう乗り切れるかに着目した経済支援が重要となります。医療費を軽減するとともに、障害年金の受給の可能性を探るのが、この年代の経済支援のポイントとなります。つまり、障害年金の受給が可能となれば、介護サービスの利用量を増加させることにつながる可能性があるというわけです。

CASE 11

前頭側頭型認知症と診断され、行動障害により入院が必要となった事例

認知症のある人の基本情報

名前 Kさん　**性別** 女性　**年齢** 65歳

認知症の種類 前頭側頭型認知症

要支援・要介護度 要介護1　**家族構成** 母親（90歳）と妹（62歳）の3人家族

キーワード 若年性認知症／発症年齢／行動障害／無年金

事例の概要

Kさんは要介護2の母親と3歳年下の妹との3人で暮らしています。60歳までは母親の介護をしながら、ホテルの清掃の仕事をしていました。

63歳頃より、Kさんは食に対するこだわりが強くなり、毎日同じメニューを食べるようになったため、人が変わったような印象を妹は感じていました。

64歳のときに、高速道路内に歩いて侵入したため警察に保護されました。その際に警察から認知症の疑いを指摘されたため、高血圧で受診しているかかりつけ医に相談しました。かかりつけ医が簡易検査を行った結果、特に問題ないと説明を受けました。

しかし、その後もお金を支払わずに商品を持ち帰ることや急に怒り出すようなことがあったため、妹は認知症の専門外来のあるA病院にKさんを連れていきました。精査をしたところ、前頭葉の脳萎縮を指摘され、前頭側頭型認知症と診断されました。医師からは妹の話を受けて、63歳頃の行動障害が見られた時期から発症していたであろうと説明がありました。特に薬の処方はなく、生活環境を整えるように指示され、地域包括支援センターへ相談に行くように助言されました。

その後、要介護認定を受け、「要介護1」の結果が出たため、病院から紹介のあった地域包括支援センターへ相談に行き、近くの居宅介護支援事業所と契約を結んだ上で、通所介護（デイサービス）を週に1回のペースで開始することになりました。

デイサービスの利用を始めた頃のKさんは、高齢者のなかで戸惑っている様子でしたが、リハビリとしてスタッフの手伝いを行うようにしたところ、Kさんは仕事に来ていると認識し、役割を得て生き生きと過ごすことができるようになりました。また、規則正しい生活がKさんの症状に合い、徐々に回数を増やしていくことができました（週3回利用）。

65歳になった現在、食へのこだわりがさらに強くなり、デイサービスで他の利用者の昼食まで食べるようになり、暴言なども増えてきたため利用が難しくなってきました。ケアマネジャーの勧めで、精神科を受診したところ、一度入院して精神状態がおちつくように薬の調整を行うことを勧められました。

Kさんは今まで仕事を転々としており、国民年金保険料の支払いが途切れている期間も長く、65歳になっても老齢年金の受給ができず、妹は入院費の支払いに不安を持っています。

Kさんの現在の状況

- 医療保険は国民健康保険（3割負担）である。
- Kさん自身に収入はない。
- 世帯の収入は、母親の遺族厚生年金と老齢基礎年金のみで月額11万円である。
- 妹（62歳）は2年前に退職しており、退職金の残りが500万円ほどある。
- Kさんの介護保険サービスの利用料は月額1万円である。
- 母親の介護保険サービスの利用料は月額1万9,000円である。
- 自宅は母親の持ち家である。

○×チェック！

現時点において、
Kさんは次の制度を利用できるでしょうか？

①特定医療費（指定難病）助成制度
②自立支援医療制度（精神通院医療）
③後期高齢者医療制度
④障害基礎年金
⑤高額介護サービス費
⑥自治体独自の障害者医療費助成制度
⑦精神障害者保健福祉手帳
⑧高額医療・高額介護合算制度

解答と解説

①特定医療費（指定難病）助成制度 ☞ p.41

答え ○

前頭側頭型認知症は前頭側頭葉変性症の項目で特定医療費（指定難病）助成制度の対象です！

前頭側頭葉変性症とは、（行動異常型）前頭側頭型認知症および意味性認知症を指しており、発症年齢が65歳以下の場合、この制度の対象となります（図表2-23）。Kさんは63歳頃から行動障害が生じており、この要件に該当します。

Kさんの収入状況は、母親の年金のみであり、Kさんは5年前から、妹は2年前から収入がないことから市町村民税非課税世帯と考えられます。この制度の申請によりKさんの前頭側頭型変性症の治療は3割負担から2割負担となり、所得区分が低所得Ⅰとなることから1か月の自己負担限度額は2,500円となります（図表2-25）。入院による検査もあるため、限度額適用・標準負担額減額認定証の申請により、入院時食事療養費が1食490円から1食230円となります（市町村民税非課税世帯区分Ⅱ、一般病床の場合）（図表2-4）。

②自立支援医療制度（精神通院医療）☞ p.38

答え ○

認知症の通院医療（入院外）の自己負担には、この制度が利用できます！

Kさんはこの制度の利用により、3割負担が1割になります。所得区分は低所得1ならびに重度かつ継続となるため、1か月の自己負担限度額は2,500円となります（指定医療機関での治療に限定）（図表2-22）。

前述の特定医療費（指定難病）助成制度と自己負担限度額は変わりませんが、自立支援医療制度は1割負担となるため、治療内容により自立支援医療制度の方が窓口での支払額が安価になる場合もあります。なお、自立支援医療制度は通院医療（入院外）のみしか利用できませんので、Kさんのように入院を行う月は通院と入院の両方の医療費がかかるため、特定医療費（指定難病）助成制度を利用する方が経済的な負担は軽減されます。

③後期高齢者医療制度 ☞ p.14

答え ✕

Kさんは後期高齢者医療制度の対象にはなりませんが、種々の制度活用により、利用が可能になる場合があります!

後期高齢者医療制度は75歳以上の人と65歳以上74歳以下で一定の障害のある人の医療保険となります。Kさんは65歳ですので、後述する精神障害者保健福祉手帳1級または2級であれば申請によりこの制度の対象となります。この制度に変更になっても先述の特定医療費（指定難病）助成制度や自立支援医療を併せて利用することにより医療費の自己負担は変わりませんが、前頭側頭型認知症以外の病気の治療の際にも自己負担が1割になります。ただし、保険料が変わりますので、国民健康保険の場合と比較して申請を検討するとよいと思います。

④障害基礎年金 ☞ p.71

答え ✕

Kさんの場合、現在は困難ですが、条件がそろえば受給できる可能性はあります!

Kさんの前頭側頭型認知症の初診日は、年金制度に加入していない64歳時にありますので、1年6か月（6か月後）の障害認定日に病状が障害等級表に定める1級または2級に該当し、さらに保険料の納付要件を満たしていることにより、障害基礎年金の受給ができる可能性があります（図表2-41, 2-42, 2-43）。

保険料の納付ですが、初診日が65歳未満であれば初診日の前日において、初診日がある月の前々月までの直近1年間に保険料の未納がなければよいことになっています。なお、60歳以降の国民年金は未加入のため、直近の1年間は60歳前の1年間で確認することになります。

Kさんは国民年金保険料の支払いが途切れている期間もありますが、60歳までホテルの清掃の仕事をされており、このとき厚生年金に加入していれば、要件を満たすかもしれません。いずれにしても、これらの条件をクリアできるかが今後の障害基礎年金の受給の可否になりそうです。

⑤高額介護サービス費 ☞ p.21

答え ○

Kさんは高額介護サービス費の利用が可能と思われます！

Kさんと母親の介護保険サービスの利用料は合計2万9,000円となっています。Kさん世帯の高額介護サービス費の所得段階は「世帯全員が市町村民税非課税」と想定され、世帯の1か月あたりの上限額は2万4,600円となります。申請により4,400円の払い戻しがあると考えられます（図表2-12）。

⑥自治体独自の障害者医療費助成制度 ☞ p.48

答え ×

Kさんは現時点では、この制度の要件に該当していませんので利用はできないと思われます！

Kさんは障害に関する認定を受けていないため、現段階では利用が困難と思われます。今後、精神障害者保健福祉手帳を取得し、その等級が1級または2級となった場合は、この制度を利用できるようになると考えます（図表2-27）。なお、この制度は自治体独自のものであり、自治体ごとに適用範囲を定めていますので確認が必要です（図表2-30）。

⑦精神障害者保健福祉手帳 ☞ p.47

答え ○

Kさんは申請によりこの手帳を所持できる可能性があります！

Kさんは、前頭側頭型認知症と診断されて治療を6か月以上継続しているため、状態によりこの手帳の取得の可能性があると思われます（図表2-27）。

⑧高額医療・高額介護合算制度 ☞ p.22

答え ×

Kさんの世帯はこの制度で払い戻しされる自己負担上限額を超えておらず、利用することができません！

Kさんの世帯は90歳の母親と65歳のKさんの2人が介護保険サービスを利用しており、医療費はKさんにかかっています。この制度の母親の自己負担上限額は 31 万円ですが、1 万 9,000 円× 12 か月＝ 22 万 8,000 円で上限額を超えていません（図表 2-13）。また K さんは、特定医療費（指定難病）助成制度を利用した場合、医療費（2,500 円× 12 か月）＋介護保険サービスの利用料（1 万円× 12 か月）＝ 15 万円でいずれも自己負担上限額に達していないため、払い戻しはありません。

ワンポイントアドバイス

K さんは収入がありませんが、おそらく年金を受給できていないのだと思われます。老齢基礎年金は 10 年以上国民年金を掛けていないと 65 歳になっても受給することができません。おそらく勤務により厚生年金を掛けていた時期もあったかと思いますが、老齢厚生年金は老齢基礎年金の受給が前提になるため、不支給となります。60 歳前の 1 年間の年金加入状況が今後障害基礎年金の受給の可否を決定しそうです。

また、K さんの場合は、今後認知症が進行した場合に、特別障害者手当 [p.81] の申請を検討することも必要になると思われます。

K さんは、認知症の進行により通所介護の利用が困難になってきています。医療保険で利用できる重度認知症患者デイケア（自立支援医療制度の指定医療機関）の利用に変えることで、結果的に介護保険サービスの利用料を軽減することは検討してもよいと考えます。

CASE 12

夫の介護をしていたが、本人も認知症を発症し、介護困難となった事例

認知症のある人の基本情報

名前 L さん　**性別** 女性　**年齢** 85 歳

認知症の種類 レビー小体型認知症

要支援・要介護度 要介護 1　**家族構成** 夫（87 歳）と 2 人暮らし

キーワード 幻視／パーキンソン症候群／老々介護／遠距離介護

事例の概要

L さんは、2 歳年上の夫と 2 人で暮らしています。夫は 70 歳代で脳梗塞を発症して以来、L さんが主介護者としてお世話をしながら、介護保険サービスを利用して自宅で暮らしています。息子は遠方に住んでいますが、月に 2 回ほど出張に合わせて両親の様子をみにきます。

80 歳を過ぎた頃より、L さんは何度も同じことを聞くといった、もの忘れのような症状が現れるようになりました。息子は症状に気づいていましたが、食事の準備などの家事全般や夫の世話に大きな支障はなく、難聴もあることから、聞き間違いだろうと思って様子をみていました。

しかし、2 年前に、部屋に子どもが遊びに来ていると言うようになり、食事を 3 人分準備したりすることがあり、夫のケアマネジャーは L さんが認知症ではないかと疑うようになりました。そこでケアマネジャーは息子へ連絡し、状況を伝えました。

父親からも同じような話を聞いていた息子は、L さんを連れて近くの精神科を受診しました。検査の結果、レビー小体型認知症と診断され、服薬治療が開始されました。しばらくすると、パーキンソン症候群も出現して転倒を繰り返すようになったため、主治医から介護保険のサービスを利用してはどうかと提案されました。息子は夫のケアマネジャーに相談し、L さんの要介護認定申請を行ったところ、「要介護 1」の結果が出ました。家庭の状況をよく理解しているケアマネジャーに L さんの居宅介護支援も依頼し、週 3 回の訪問介護（生

活援助）の利用を始め、買い物などはホームヘルパーに依頼しました。

その後、夫の身の回りの世話も十分にできなくなったことから、Lさんと夫の介護保険サービスを組み合わせて毎日訪問介護（生活援助、身体介護）が利用できるよう調整し、さらにLさんは週2回の通所リハビリテーション（デイケア）の利用を始めました。

現在（85歳）、Lさんの幻視・幻覚症状が強くなり、自宅で過ごすことが難しくなってきました。ケアマネジャーから要介護度の区分変更申請を行うことと、介護保険サービスの内容を小規模多機能型居宅介護へ変更することを提案されました。また、かかりつけ医への受診は夫婦2人で何とか通院できていましたが、徐々に難しくなってきており、主治医からは訪問診療への切り替えを提案されています。

息子としては、両親の施設入所も考えていますが、金銭的な負担をすることが難しく、現時点でのサービスの変更には躊躇している状況です。

Lさんの現在の状況

- 医療保険は後期高齢者医療制度（1割負担）である。
- 医療費はLさんと夫で合わせて月4万円（夫1万円、Lさん3万円）である。
- 夫は要介護2である。
- 訪問介護は週7回利用しており（夫を含む）、通所リハビリテーションは週2回利用している（1か月1万5,000円）。
- 収入は老齢年金のみで、夫婦2人で月額27万円（夫16万円、Lさん11万円）である。
- 自宅は公営住宅であり（家賃は月額3万円）、夫の退院時に手すりなどの改修が行われている。
- 市町村民税非課税世帯である。

○×チェック!

現時点において、
Lさんは次の制度を利用できるでしょうか？

①高額療養費制度
②高額医療・高額介護合算制度
③特定医療費（指定難病）助成制度
④自立支援医療制度（精神通院医療）
⑤特別障害者手当
⑥身体障害者手帳
⑦精神障害者保健福祉手帳
⑧高額介護サービス費

解答と解説

①高額療養費制度 ☞ p.15

答え ○

Lさん世帯の医療費の自己負担額は、高額療養費制度の対象となります!

Lさん世帯の後期高齢者医療制度の所得区分は、「市町村民税非課税世帯区分Ⅱ」に該当しますので、個人単位での1か月の負担金の自己負担上限額は8,000円となります（図表2-5）。限度額適用認定証の申請を行い、窓口払いの額をこの基準までに抑えられれば、1か月1万6,000円となります。

②高額医療・高額介護合算制度 ☞ p.22

答え ○

Lさん世帯は自己負担上限額を超えているので利用できます!

Lさん世帯は、先に述べた高額療養費制度を活用したことで医療費が月に1万6,000円、介護費が月に1万5,000円で、合算すると3万1,000円になり、年間では37万2,000円になります。1年間の自己負担額の合計が31万円を超えるので、この制度を利用できます（図表2-13）。上限額を超えた分は、医療と介護で按分して、それぞれの保険者から支給されます。

③特定医療費（指定難病）助成制度 ☞ p.41

答え ×

レビー小体型認知症は対象外のためこの制度は利用できません！

レビー小体型認知症は特定医療費（指定難病）助成制度の対象疾病ではないため、Lさんはこの制度を利用できません（図表2-23）。

④自立支援医療制度（精神通院医療）☞ p.38

答え ○

認知症は対象疾患のため、この制度を利用できます！

レビー小体型認知症の通院医療（入院外）はこの制度により軽減が可能です（図表2-21）。後期高齢者医療制度の高額療養費では1か月8,000円が自己負担額の限度でしたが、この制度により5,000円に軽減されます（図表2-22）。また、訪問診療も対象になりますが、指定医療機関であることが必要です。

⑤特別障害者手当 ☞ p.81

答え ×

Lさんは現時点では、この制度の認定基準に該当しないので難しいと考えられます。

精神障害単一での申請は、日常生活能力判定表で16点満点中14点以上が対象です（図表2-51）。Lさんは要介護1という状態像から鑑みると、現時点でのこの制度の利用は難しそうです。しかし、今後の病状変化を観察するなかで、検討していくべき制度のひとつといえます。例えばパーキンソン症候群の進行による体幹機能の障害（座っていることができない程度または立ち上がることができない程度の障害）と精神の障害（日常生活能力判定表で16点満点中10点以上）の2つがある場合には、この手帳の認定基準に合致する場合があります。

⑥身体障害者手帳 ☞ p.47

答え ○

パーキンソン症候群の症状により、身体障害者手帳に該当する可能性があります。

Lさんは、パーキンソン症候群の出現により転倒を繰り返しており、肢体不自由のなかの体幹機能障害の認定基準に該当する可能性はあります（図表2-28）。例えば体幹機能障害の3級の基準は「歩行の困難なもの」であり、その内容は「100m以上の歩行不能のもの又は片脚による起立位保持が全く不可能なもの」となっています。Lさんは発症から1年以上を経過していますので、指定医療機関の指定医（肢体不自由）の診察を受けて身体障害者手帳の対象になるか否かの検討してみるとよいと考えます。

⑦精神障害者保健福祉手帳 ☞ p.47

答え ○

Lさんはこの手帳を取得できる可能性があります。

Lさんはレビー小体型認知症の初診から6か月以上通院治療を受けており、幻視・幻覚症状といった精神症状があるため、この手帳の認定基準に該当する可能性があります（図表2-27）。精神科医と相談し、検討してみるとよいでしょう。

⑧高額介護サービス費 ☞ p.21

答え ×

Lさん世帯はこの制度による払い戻しはありません！

Lさん世帯は市町村民税非課税世帯であり、高額介護サービス費の上限額は世帯単位で2万4,600円となっています（図表2-12）。Lさん世帯は夫婦合わせて1万5,000円ですので、払い戻しはありません。

ワンポイントアドバイス

Lさん世帯は月額27万円の年金収入がありますが、市町村民税非課税世帯となります。非課税基準は級地制度により異なりますが、Lさん世帯は1級地と考えられます。

1級地の場合の市町村民税非課税の基準は、夫婦2人の場合、夫（65歳以上）が年金収入（遺族年金等、元から非課税のものを除きます）のみでその年額が211万円以下、配偶者（65歳以上）の年金収入は年額155万円以下であれば、それぞれ非課税となり、世帯としては非課税世帯となります。なお、これらは2024（令和6）年度の基準です。

Lさんの場合、夫が年額192万円、Lさんが132万円ですので市町村民税は非課税となるわけです。市町村民税非課税の場合にはさまざまな自己負担が軽減されますので、年度ごとの基準を確認しておくとよいと思います。

（参考）

1級地に暮らしている65歳以上の夫婦2人だけの世帯の市町村民税非課税世帯の境目

世帯主：35万円（基礎控除）×2（世帯人員）＋10万円（所得金額調整控除）＋21万円（扶養者加算）＋110万円（公的年金等控除）＝211万円

配偶者：35万円（基礎控除）＋10万円（所得金額調整控除）＋110万円（公的年金等控除）＝155万円

CASE 13

妄想のような発言や幻覚、幻視が出現し、アルツハイマー型認知症と診断された事例

認知症のある人の基本情報

名前 Mさん　**性別** 男性　**年齢** 65歳

認知症の種類 アルツハイマー型認知症

要支援・要介護度 要介護1　**家族構成** 妻（63歳）、娘（30歳）と同居

キーワード 若年性認知症／認知症初期集中支援チーム／住宅ローン／就労支援サービス

事例の概要

Mさんは62歳で会社を退職後、生活費のために警備員のアルバイトをしていました。

63歳頃より、出勤日を間違うなどのミスが続き、Mさん自身に在職中からもの忘れの自覚があったため、認知症を心配して、高血圧で受診している内科の医師へ相談しましたが、そのときは認知症ではないとの判断でした。

その後も複数のことが同時にできず、パニックになることもあったため警備員の仕事は辞め、ハローワーク（公共職業安定所）に通いながら、新たな仕事を探していました。しかし、64歳になると、通い慣れた道で方向がわからなくなり、家に帰れず娘に迎えにきてもらったり、辻褄の合わない会話をするようになりました。また、銀行で暗証番号がわからずキャッシュカードで出金できなかったときには、妻がお金を盗っていると言い出したり、誰かが家の中にいるというような表現もするようになりました。

娘が地域包括支援センターへ相談すると、認知症の疑いがあるため、早急に受診するように言われましたが、Mさんは強く拒否し、病院に連れていくことができませんでした。その後、地域包括支援センターから認知症初期集中支援チームの紹介を受け、チームの医師と保健師が自宅訪問しました。チームの協力もあり、なんとかA病院の認知症疾患医療センターを受診することができ、精密検査の結果、若年性アルツハイマー型認知症と診断されました。

医師からは、抗認知症薬の服用と介護保険サービスの導入が提案されました。さっそく娘が地域包括支援センターを通じて要介護認定を申請し、「要介護1」の結果が出ましたが、サービス導入については、妻より「家のローンもまだ残っているので、介護費用の捻出が厳しい。まだ本人は認知症と言われても、ピンときていない。身の回りのことはできるので、今すぐのサービスは必要ない」と消極的な態度でした。

それからしばらくの間、サービスにつながらない状態が続きましたが、服薬治療は継続できていました。認知症初期集中支援チームの定期訪問は地域包括支援センターへ引き継がれ、センターの社会福祉士が定期的に訪問を続けてMさんとの関係を築いていきました。

65歳になったMさんは生活費のことを心配し、サービスを受けるのではなく、少しでも働きたいとの希望があることがわかりました。そこで、娘と一緒に市役所の障害福祉課へ就労支援の相談に行き、近くの就労継続支援B型事業所に見学に行くことになりました。Mさん自身はやる気になりましたが、妻は「あと2年働く予定だったのが、アルバイトもできなくなると生活設計が崩れてしまう。事業所の利用料がかかるなら自宅にいてもらった方がいい」と、苦しい胸の内を話されました。

Mさんの現在の状況

- 医療保険は国民健康保険（3割負担）である（世帯主はMさん）。
- Mさんの医療費の自己負担額は1か月1万5,000円である。
- 収入はMさんの老齢厚生年金と老齢基礎年金である（月17万円）。妻は65歳より老齢基礎年金の受給開始（満額のため月額6万6,000円程度）になる予定である（現在は専業主婦）。
- 自宅は持ち家だが、ローンの支払いがあと2年残っている（月額8万円）。
- 娘は就労しており（医療保険は被用者保険）、世帯は同一となっている。娘は市町村民税が課税されているため、Mさんの世帯は市町村民税課税世帯となっている。

○×チェック!

現時点において、
Mさんは次の制度を利用できるでしょうか?

①精神障害者保健福祉手帳
②障害基礎年金
③障害福祉サービス
④傷病手当金（医療保険）
⑤自立支援医療制度（精神通院医療）
⑥新高額障害福祉サービス等給付費
⑦特別障害者手当
⑧年金生活者支援給付金制度

解答と解説

①精神障害者保健福祉手帳 ☞ p.47

答え ○

Mさんは精神障害者保健福祉手帳の認定基準に該当する可能性があります!

Mさんはアルツハイマー型認知症の診断を受けた後、抗認知症薬の投薬を受け、治療を6か月以上継続しています。現在の状態を認定基準に照らすと、3級相当になる可能性がありそうです（図表2-27）。

②障害基礎年金 ☞ p.71

答え ×

Mさんの障害認定日の状態から勘案すると、障害基礎年金の認定基準に該当しない可能性があります!

障害基礎年金の請求は65歳（誕生日の2日前）までに行うことになっており、65歳からは老齢基礎年金を受給するため、原則65歳を超えると障害基礎年金は請求することができないことになっています（図表2-41）。

ただ例外もあります。それは、65歳以前に初診日があり、65歳以降に障害認定日を迎え、保険料納付要件を満たしている場合です。Mさんの場合、64歳のときにアルツハイマー型認知症の初診日があり、障害認定日は65歳でした。国民年金保険料は、この年齢（60～64歳）の場合は60歳になるまでの被保険者期間で、3分の2を納めていることが条件となります。

Mさんはこの例外に該当しそうですが、例えばこれから障害基礎年金を申請した場合、現在の状態では障害基礎年金（2級以上）になるかどうかは微妙です。精神疾患の場合、障害年金の認定基準は精神障害者保健福祉手帳の認定基準と同等のため、仮に3級相当であった場合、障害基礎年金の基準には該当しないということになります（障害基礎年金は2級以上のみ）（図表2-43）。このように障害認定日時点の状態が軽度と認定された場合、その後状態が重度化しても、65歳に達していますので事後重症請求はできません（事後重症請求は65歳まで）（図表2-42）。

障害認定日の状態が障害基礎年金2級に該当した場合、現在受給している老齢基礎年金と支給額が変わりませんので、あまりメリットがありません。障害基礎年金は非課税であるといったメリットはありますが、Mさんの場合、現在受給している老齢年金は非課税となっていますので、障害認定日の状態が障害基礎年金1級でなければあまりメリットはないように考えます。

③障害福祉サービス ☞ p.29

答え ○

Mさんは、医師の診断書により障害福祉サービスを申請できます！

精神障害で障害福祉サービスを申請する場合の証明書（障害を証明する書類）には、精神障害者保健福祉手帳や自立支援医療受給者証（精神通院医療）などがあります。Mさんはまだ精神障害者保健福祉手帳などは利用していませんので、医師の診断書・意見書により精神障害が確認できれば障害福祉サービスを申請することができます。

就労継続支援B型は訓練等給付のひとつですので、申請後には障害支援区分認定が不要であり、聴き取り調査のみで利用の検討が可能となります（図表2-15）。現在、市町村民税課税世帯となっていますので、1か月9,300円または3万7,200円が上限額となります（図表2-16）。この利用負担がサービス利用を拒む原因になっていますが、この解決方法については後述のワンポイントアドバイスをご覧ください。

④傷病手当金（医療保険）☞ p.68

答え ✕

Mさんは国民健康保険なので傷病手当金を受給することはできません！

国民健康保険では傷病手当金は任意給付となっており、支給している自治体はありませんのでMさんは受給できません。国民健康保険と後期高齢者医療制度では、新型コロナウイルス感染症（疑いを含む）による休業については、時限的（「感染症の予防及び感染症の患者に対する医療に関する法律（感染症法）」において5類へ移行するまでの間）に支給を行うことがありました。Mさんはこれにも該当しませんので受給はできません。

⑤自立支援医療制度（精神通院医療）☞ p.38

答え ○

アルツハイマー型認知症はこの制度の対象のため、利用できます！

アルツハイマー型認知症の通院医療（入院外）はこの制度により1割に軽減が可能です（図表2-21）。この制度により、Mさんは1万円に軽減されます（図表2-22）。また、訪問診療も対象になりますが、指定医療機関であることが必要です。指定医療機関で自立支援医療制度（精神通院医療）を申請することができます。

⑥新高額障害福祉サービス等給付費 ☞ p.31

答え ✕

Mさんは65歳以前に障害福祉サービスを利用していないので、この制度の対象になりません！

障害のある人が65歳となると、原則として今まで（5年以上）利用していた障害福祉サービスから介護保険サービスの利用に移行することになります（図表2-17）。しかし、介護保険サービスの利用によって障害福祉サービスの利用時より負担が増加し、経済的な負担が重くなります。この制度は、各種要件を満たした人に限り、介護保険移行後に利用した特定の介護保険サービスの利用者負担額を障害福祉制度によって支給するというものです。Mさんの場合、65歳以前に障害福祉サービスを利用していないので、この制度の対象になりません。

⑦特別障害者手当 ☞ p.81

答え ✕

M さんの状態ではこの制度の対象にはなりません！

特別障害者手当は、精神障害単一の場合、日常生活能力判定表で 14 点以上であることが要件となっており、M さんの状態は軽度～中等度と想定され、現時点では該当にはならないと考えます（図表 2-51）。

⑧年金生活者支援給付金制度 ☞ p.88

答え ✕

M さんはこの制度の対象にはなりません！

年金生活者支援給付金は、消費税率引き上げ分を活用して公的年金等の収入金額やその他の所得が一定基準額以下の人に対し、生活の支援を図ることを目的として年金に上乗せ支給される制度です。老齢（補足的老齢）年金生活者支援給付金の支給要件は、① 65 歳以上で老齢基礎年金を受けていること、②請求される人の世帯全員の市町村民税が非課税となっていること、③前年の年金収入額とその他の所得額の合計が 77 万 8,900 円を超え 87 万 8,900 円以下であることの 3 つです（図表 2-53）。M さんは②と③の条件に該当しないことから支給対象になりません。

ワンポイントアドバイス

M さんの世帯は、稼働収入のある娘と同一世帯であることから市町村民税非課税とならず、制度により自己負担分が軽減されない状況となっています。
M さんには住宅ローンの返済があと 2 年あります。2 年後には妻が老齢基礎年金の受給権を得ますので、この 2 年間の経済負担をどのように軽減するかが課題の事例です。返済期間を延長して毎月の返済額を下げてもらうなど、金融機関との交渉も一方法と考えます。
M さん世帯が市町村民税非課税であった場合には、障害福祉サービスの利用料は負担なしとなりますので、娘と世帯を分離することも検討の余地はあります。しかし、その前に娘を含め、今後のこと（利用料の支払いや住宅ローン等）について話し合うことが大事です。娘の協力がどの程度得られるかを確認する良い機会といえます。

CASE 14

障害福祉サービス利用者が65歳になり、介護保険制度に移行し、認知症を併発した事例

認知症のある人の基本情報

名前 N さん　**性別** 女性　**年齢** 65 歳

認知症の種類 血管性認知症

要支援・要介護度 要介護 3　**家族構成** 息子（40 歳）と 2 人暮らし

キーワード 障害福祉サービス／肢体不自由／ひきこもりの息子

事例の概要

N さんは、30 歳で夫と離別し、その後は息子と 2 人で生活していました。53 歳のときに階段からの転落による外傷性くも膜下出血により左半身に麻痺が残り、ひとりで歩行ができなくなり、常時車いすを使用することになりました。障害福祉サービスにより、週 2 回の外出支援（買い物）、週 5 回の居宅介護（ホームヘルプ）、週 3 回の訪問看護（入浴）を利用して、自宅で生活していました。息子には自閉症の傾向があり、不登校のまま自宅でひきこもりの生活をしていましたが、N さんに介護が必要となってからは、ホームヘルパーなどの自宅に訪問してくる専門職とは徐々に打ち解けるようになってきていました。

65 歳になり、介護保険制度の「第 1 号被保険者」となったことから、市役所より障害福祉サービスから介護保険サービスへの切り替えを案内されました。要介護認定を申請し、「要介護 3」の結果が出たため、介護保険制度による週 5 回の訪問介護と週 2 回の訪問看護によるリハビリテーションへと変更としました。

しかし、利用料金の支払いができていなかったため、ケアマネジャーが状況を確認すると、息子が「利用料の支払いが厳しい」と訴えました。ケアマネジャーは訪問介護を週 3 回、訪問看護を週 1 回の利用に減らすことを提案し、N さんも了解しました。また、その頃より N さんの感情が不安定になり、急に怒り出すことがありましたが、ケアマネジャーはサービス提供の事業所が変更となったため、しばらくすれば落ち着くだろうと様子をみていました。しかし、

徐々にもの忘れなども出現していきました。

ケアマネジャーが定期訪問を行うと、息子より「最近、もの忘れが多くなってきた。以前はできていた料理も時間がかかるようになり、味がしない、何かおかしい」と相談がありました。また、以前はNさんが金銭管理を行っていましたが、難しくなり息子が行うようになっていました。

ケアマネジャーから主治医へ相談し、検査をしたところ血管性認知症と診断されました。介護負担軽減、進行予防のため通所リハビリテーションの利用を勧められましたが、ケアマネジャーは利用料の負担が大きくなることを心配して、サービスの導入を躊躇しています。

Nさんの現在の状況

- 医療保険は国民健康保険（3割負担）と自治体独自の障害者医療費助成制度（1割負担）である。
- 身体障害者手帳は1種2級（上肢3級、下肢4級）である。
- 現在の収入は障害基礎年金と障害厚生年金（2級）で、月額13万円である。預貯金はない。
- 市町村民税非課税世帯である。
- 自宅は公営住宅（1級地-2）で、家賃は1万2,000円である。
- 息子は無職、限られた人とのコミュニケーションはできる。
- 障害福祉サービス利用時の自己負担額は0円であった。

〇×チェック！

現時点において、
Nさんは次の制度を利用できるでしょうか？

①生活保護制度

②自立支援医療制度（精神通院医療）

③精神障害者保健福祉手帳

④特別障害者手当

⑤年金生活者支援給付金制度

⑥新高額障害福祉サービス等給付費

⑦障害者ホームヘルプサービス利用者に対する支援措置事業

⑧社会福祉法人等による生計困難者等に対する介護保険サービスに係る利用者負担額軽減制度

解答と解説

①生活保護制度 ☞ p.53

答え ○

Nさんの収入は最低生活費を下回るため、生活保護制度を利用できる可能性があります！

Nさんの最低生活費を「1級地-2」として計算すると14万7,490円となり、収入はこれを下回っているため、申請により受給となる可能性があると考えます。

②自立支援医療制度（精神通院医療）☞ p.38

答え ○

Nさんの疾患および所得区分は自立支援医療制度（精神通院医療）の対象です！

Nさんは血管性認知症のために通院医療（精神通院医療）を行う場合は1割負担となり（図表2-21）、所得区分は低所得2および重度かつ継続のため5,000円が1か月の自己負担上限額となります（図表2-22）。なお、この制度は指定医療機関のみで利用できます。前述の生活保護制度の対象となった場合にも他法優先によりこの制度の申請を行うことになります。

また、無料低額診療事業を実施している医療機関で診療を受ける場合は、その医療費が軽減される場合があります。無料低額診療事業とは、生計が困難な人が経済的な理由によって必要な医療を受ける機会を制限されることのないように無料または低額な料金で診療を行う事業をいいます。申請方法や減免の基準などは医療機関により異なるため、直接医療機関への相談を行うことになります。

③精神障害者保健福祉手帳 ☞ p.47

答え ×

N さんは認知症の診断を受けてから 6 か月未満のため、精神障害者保健福祉手帳の取得はできません！

精神障害者保健福祉手帳は、初診から継続して治療を受け、6 か月を経過した人が対象となります。よって、今後治療を継続しながら、6 か月経った際にこの手帳に該当するか否かを検討することになります（図表 2-27）。

④特別障害者手当 ☞ p.81

答え ×

N さんは、現時点ではこの手当の対象にはならないと思われます！

N さんが特別障害者手当を申請する場合、3 つの障害を評価することになります。それは、精神障害（日常生活能力判定表で 10 点以上）＋上肢の障害（身体障害者手帳 3 級相当）＋下肢の障害（身体障害者手帳 3 級相当）です（図表 2-49, 2-50）。現時点では上肢は 3 級、下肢は 4 級の障害があり、精神障害の認定は 6 か月先になります。これらのことから現時点では支給対象にはならないと考えられます。

⑤年金生活者支援給付金制度 ☞ p.88

答え ○

N さんはこの給付金の対象となります！

年金生活者支援給付金制度の障害年金生活者支援給付金の受給要件は①障害基礎年金の受給者、②前年所得が「472 万 1,000 円＋扶養親族の数× 38 万円」以下の両方を満たす必要があります。N さんは条件を満たしており、障害等級が 2 級のため、月額 5,310 円支給されると考えられます（図表 2-53）。

⑥新高額障害福祉サービス等給付費 ☞ p.31

答え ○

N さんは介護保険利用前の状況で判断すると、この制度の対象となると思われます！

この制度は、現在 65 歳以上であり、65 歳になるまでに 5 年以上、特定の障害福祉サービスの支給決定を受けていた方で 6 つの要件を満たす場合（図表 2-17）、申請により障害福祉サービスに相当する介護保険サービスの利用者負担額が償還される制度です。N さんは 53 歳から障害福祉サービスを利用しており、6 つの要件を満たしていると考えられます。

障害福祉サービス利用時の居宅介護は介護保険サービスの訪問介護に相当しますので、訪問介護がこの制度の対象となります。主治医から勧められている通所リハビリテーションは対象となりませんが、通所介護は対象になっているため、通所介護を利用するというのも一方法といえます。

⑦障害者ホームヘルプサービス利用者に対する支援措置事業 ☞ p.60

答え ○

N さんは障害者ホームヘルプサービスを利用しており、所得条件を満たしているため、この制度の対象となると思われます！

N さんは障害福祉サービスで居宅介護を利用していた際、所得状況から境界層該当（障害者福祉サービス）と考えられます（自己負担額：0 円）。減額認定証発行により介護保険サービスの訪問介護の利用負担はなしで受けることができると思われます。

⑧社会福祉法人等による生計困難者等に対する介護保険サービスに係る利用者負担額軽減制度 ☞ p.62

答え ○

N さんはこの制度の要件を満たしているため、対象となると思われます！

N さんはこの制度の利用により、利用者負担が 4 分の 1 に軽減されます。しかし、この制度よりも⑦で説明した障害者ホームヘルプサービス利用者に対する支援措置事業の方が優先され、自己負担額もなくなることから、訪問介護等の利用の場合には障害者ホームヘルプサービス利用者に対する支援措置事業を先に申請することになります。

ワンポイントアドバイス

この事例の場合、最低生活費を下回っていることから、経済状況のみに焦点を当てれば生活保護制度を活用できるよう支援することが最良といえます。生活保護受給世帯となれば、ほとんどのサービスが経済負担なく利用できるからです。しかし、Ｎさんは今まで障害年金のみで家計をやり繰りしてきています。支援者としては、今まで努力して生活してきたＮさん家族の意思を尊重しつつ、各種制度で支援できることと限界を伝え、これからの生活の再建をどのような制度で紡いでいくのかを考えていくことが大事であるのではないかと思います。

第3節

重度の認知症のある人の事例

第3節で紹介する重度の認知症のある人の事例は、日常生活に常に介護が必要であるものの介護者の発病や介護破綻、借金などにより在宅生活の維持が困難になっている人、医療機関や介護保険施設への入院・入所が必要となってきているものの経済的問題により困難な人など、多様・複雑なニーズを持つ人をイメージして作成しました。

ここで紹介する6事例がかかえる疾患は、アルツハイマー型認知症、混合型認知症、前頭側頭型認知症、クロイツフェルト・ヤコブ病の4種類です。

初期や中等度の認知症のある人の経済的支援では、進行に合わせて、あるいは将来を見通して計画を立てて社会保障制度を活用していきます。しかし、重度の認知症のある人の場合は、あまり時間的余裕がなく、早急の判断と対応が求められます。経済的支援のポイントとしては、家族全体に視点を置きながら支出を抑える、収入を確保するという2つの観点より、社会保障制度を選定・活用し、経済基盤を支えていきます。活用できる社会保障制度が多くなると、どの制度から活用すべきか支援者も困惑することがあると思います。社会保障制度には法の優先順位があるため、それに則った活用を心がけることが重要です。

CASE 15

経済的理由から受診を中断し、認知症の進行により常時介護となるとともに、同居の息子がひきこもり状態の事例

認知症のある人の基本情報

名前 O さん　性別 女性　年齢 80 歳

認知症の種類 アルツハイマー型認知症

要支援・要介護度 要介護 3　家族構成 息子（55 歳）と 2 人暮らし

キーワード 8050 問題／生活困窮／サービス利用拒否

事例の概要

O さんは夫が他界後、ひきこもり状態の息子と 2 人暮らしをしています。家事全般は O さんが行っていましたが、77 歳頃より買い物に行くと同じ物ばかりを買ってきたり、病院の受診日を忘れることが増え、O さん自身も心配になり、骨粗鬆症で受診している整形外科の医師へ相談しました。医師はアルツハイマー型認知症の初期にあたると診断し、抗認知症薬を処方しました。しばらくは定期受診していましたが、医療費の支払いが厳しくなり、受診が途切れ途切れになり、半年ほどで病院へ全く行かなくなりました。

79 歳のときに、国税調査のために自宅を訪ねた調査員が、自宅の中が片づいていない様子と、O さんの身だしなみや会話が通じない様子を心配し、民生委員に相談しました。民生委員と一緒に地域包括支援センターの職員が自宅を訪問し、O さんと息子との面談を行いました。息子から「最近、料理を全くしなくなったので、自分がコンビニなどにお弁当を買いに行っている」「お風呂もほとんど入っていない」という状況を聞き、介護保険によるサービスの導入が早急に必要であると判断されました。地域包括支援センターの職員の支援のもと、息子が介護保険の要介護認定の申請を行い、「要介護 2」の結果が出たため、週 5 回の訪問介護、入浴サービスを中心とした通所介護（デイサービス）を週 2 回利用することになりました。

また、受診を中断していたため、訪問診療に切り替え、抗認知症薬の服用を再開しました。しばらくすると、息子よりケアマネジャーへ「介護保険サービ

スの利用料の支払いが難しい」と相談がありました。O さんは金銭管理ができなくなっているため、息子が支払いなどを行っていましたが、支払いが遅れがちになっていました。ケアマネジャーは O さんの経済状況を考え、訪問介護の利用回数を工夫しながらなんとかサービスの利用を継続していました。

80 歳（現在）、O さんは身の回りのことに対しても、誘導などの見守りが常時必要な状況となり、息子だけでは介護できない状況となってきていました。しかし、デイサービスなどの利用に関しては、利用料金の支払いを心配した息子より拒否されています。息子自身もこれ以上の在宅介護は難しいと思っており、ケアマネジャーへ施設への入居や入院などができないかと相談がありました。

O さんの現在の状況

- 医療保険は後期高齢者医療制度（1 割負担）である。
- 1 か月の介護費用は 0 円である。
- 収入である遺族厚生年金（7 万円）と老齢基礎年金（5 万円）は合計月額 12 万円である。
- 預貯金はない。
- 市町村民税非課税世帯である。
- 息子は就労しておらず、収入がない。
- 自宅は持ち家であり、住宅ローンはない（1 級地 -2 に居住）。

○×チェック!

現時点において、
O さんは次の制度を利用できるでしょうか？

①年金生活者支援給付金制度
②障害基礎年金
③自立支援医療制度（精神通院医療）
④高額介護サービス費
⑤社会福祉法人等による生計困難者等に対する介護保険サービスに係る利用者負担額軽減制度
⑥特別障害者手当
⑦境界層該当（介護保険制度）
⑧生活保護制度

解答と解説

①年金生活者支援給付金制度 ☞ p.88

答え ○

O さんは受給要件を満たすため、給付金の対象となります！

O さんは遺族厚生年金と老齢基礎年金を受給しています。老齢基礎年金を受給している人は、① 65 歳以上であること、②同一世帯の全員が市町村民税非課税であること、③前年の公的年金等の収入とその他の所得との合計額が 87 万 8,900 円以下であることでこの制度の対象となります（図表 2-53）。③には非課税収入は含まれないことから、遺族厚生年金は対象となりませんのですべての条件を満たしています。O さんの老齢基礎年金額から国民年金納付期間は 360 か月、保険料免除期間なしと想定すると、5,310 円× 360 か月（保険料納付期間）÷ 480 か月（被保険者月数）＝ 3,983 円が毎月支給されると考えられます。

②障害基礎年金 ☞ p.71

答え ×

O さんの診断は 65 歳以降のため、障害基礎年金の受給はできません！

O さんのアルツハイマー型認知症の初診日は、65 歳を過ぎてからであり、65 歳以降に国民年金の特例任意加入や厚生年金加入をしている間の初診日ではないことから、障害基礎年金の受給はできません（図表 2-41）。

③自立支援医療制度（精神通院医療）☞ p.38

答え ○

アルツハイマー型認知症は、自立支援医療制度（精神通院医療）の対象です！

O さんが診断を受けているアルツハイマー型認知症は、この制度の対象となります（図表 2-21）。所得区分は「低所得 2」にあたると想定しますので 1 か月 5,000 円が自己負担限度額となります（図表 2-22）。なお、この制度は指定医療機関のみで利用できます。

また、入院外の医療に適用されますので、訪問診療を受けている医療機関が指定医療機関であれば、その費用も軽減されます。無料低額診療事業を実施している医療機関で診療を受ける場合は、その医療費が軽減されることがありますが、申請方法や減免の基準などは各医療機関により異なるため、直接医療機関へ問い合わせてください。

④高額介護サービス費 ☞ p.21

答え ✕

O さんの利用状況では、高額介護サービス費の上限を超えていないため、利用できないと思われます！

O さんの収入は「世帯全員が市町村民税非課税（前年の公的年金等収入金額＋その他の合計所得金額の合計が 80 万円以下）」に該当するため、高額介護サービス費を利用する場合、1 か月 1 万 5,000 円になると想定します（図表 2-12）。現状の利用状況では、この額を超えないので、利用できないと思われます。

⑤社会福祉法人等による生計困難者等に対する介護保険サービスに係る利用者負担額軽減制度 ☞ p.62

答え ○

O さんはこの制度の条件に合致しているため、利用できると思われます！

O さんは対象者の要件を満たしています（図表 2-36）。よって、この制度の申請をしている事業所で訪問介護と通所介護を利用すれば、現在の 4 分の 1 の利用料で利用することができるようになります。

⑥特別障害者手当 ☞ p.81

答え ○

O さんは特別障害者手当を受給できる状態にある可能性があります！

O さんは生活全般に見守りや介護などが必要な状態となっていると考えられます。アルツハイマー型認知症による高度の認知障害があり、かつ日常生活能力判定表で 14 点以上の状態であればこの手当の受給の可能性があります（図表 2-49, 2-51）。

⑦境界層該当（介護保険制度）☞ p.56

答え ○

O さんの収支の状況から勘案すると境界層該当になる可能性があります！

O さんの年金収入は最低生活費（1 級地 -2 とした場合、約 11 万 4,000 円）をわずかに上回っている状況であり、今後、介護保険サービスの利用を増やしたら、支払いに際して最低生活費を下回る可能性があります。⑥の特別障害者手当を受給できた場合は該当しなくなるかもしれませんが、O さんは多くの介護保険サービスの利用と訪問診療等の医療が必要な状況であり、いずれにしても境界層該当になる可能性は高く、境界層該当になったとしても最低生活を維持できない可能性もあります（図表 2-33）。

⑧生活保護制度 ☞ p.53

答え ○

O さん世帯は生活保護制度を利用できる可能性があります！

O さん世帯は医療費や介護保険サービス費の支払いなどにより最低生活費を下回っていると想定され、境界層該当になっても収支の状況から生活保護制度が利用できる可能性は高いと考えられます。

持ち家に関しては、資産価値により保有が認められる場合もあります。資産価値（おおむね評価額 500 万円以上）によっては、都道府県社会福祉協議会の要保護世帯向け不動産担保型生活資金の利用が原則になりますが、生活保護制度を利用し始めてからでも利用可能となっています。この貸付資金には対象者の条件が設定されており、該当しない場合もあります。さらに、借受人（O さん）が亡くなった場合は、同居の息子が住み続けられなくなることもあります。生活保護制度の申請をする際に、自治体の生活保護担当者と十分に話し合うことが必要です。

ワンポイントアドバイス

O さんの在宅療養が破綻しそうな状況から考えると、施設入所が望まれるところですが、施設入所により息子の生活が経済的に成り立たなくなります。8050 問題の事例では、親子をセットで支援していくことが重要です。

CASE 16

介護者の発病により、在宅介護が困難となった事例

認知症のある人の基本情報

名前 P さん　**性別** 男性　**年齢** 85 歳

認知症の種類 混合型認知症

要支援・要介護度 要介護 4　**家族構成** 妻（78 歳）と 2 人暮らし

キーワード 脳梗塞後遺症／介護者の発病／施設入所

事例の概要

P さんは 80 歳のときに脳梗塞を発症し、救急搬送されました。すぐに血管内治療（血栓回収術）を受けましたが、後遺症として右上下肢に不全麻痺が残りました。3 か月間の回復期リハビリテーション病院でのリハビリを経て、自宅へ退院しました。入院中より感情のコントロールが難しく、思うようにいかないとすぐに大きな声を出して怒ることがあり、医師からは血管性認知症の症状が出ていると言われていました。退院時に介護保険制度の要介護認定の申請を行い、「要介護 1」の認定結果が出ました。介護保険の住宅改修にて浴室、トイレなどの段差解消と手すりの取り付けを行い、また、週 2 回の通所リハビリテーション（デイケア）の利用を開始し、妻の介護を受けながら在宅生活を維持していました。

2 年後、徐々に直近のことを忘れたり、何度も同じことを聞いたりするようになり、また食事を食べた後に「食べていない」と言うようになったため、かかりつけ医へ相談しました。かかりつけ医で実施した簡易検査（HDS-R：改訂長谷川式簡易知能評価スケール）が 17 点であったため、専門外来を受診するように指示されました。紹介された認知症外来にて精査を行い、血管性認知症とアルツハイマー型認知症が合併した混合型認知症と診断され、抗認知症薬の服用が開始されました。その後ケアマネジャーと相談し、要介護認定の区分変更申請を行い、「要介護 3」となりました。認知症の進行を予防するために、通所リハビリテーションを週 5 回へ増やしました。

徐々に認知症は進行し、6か月後には自宅にいても「家に帰る」と外に出ようとしたり、着替えの順番や排せつの失敗なども出てきて、妻の介護負担は大きくなってきていました。そのため、要介護認定の区分変更申請を行い、「要介護4」となりました。

3年後（現在）、妻の体調不良があり、ケアマネジャーの勧めでPさんは2泊3日のショートステイを利用しました。その間に妻は検査入院を行いました。検査の結果、大腸がんがみつかり、医師から手術を勧められました。しかし妻は、Pさんの介護を理由に手術を拒否しました。妻は自分にかかる医療費とPさんの長期にわたる入所による費用を気にしているようでした。

Pさんの現在の状況

- Pさん世帯の収入は老齢年金のみであり妻の年金と合わせて月額27万円である。
- Pさん夫妻の医療保険は後期高齢者医療制度（2割負担）である。
- 現在、Pさんは週5回の通所リハビリテーションを利用している（1か月2万円）。
- 妻の大腸がん手術のための入院は約1か月の予定である。
- 子どもはいない。
- 公営住宅に居住している。
- 有価証券や預貯金など夫婦で約800万円の資産がある。

○×チェック!

現時点において、
Pさんは次の制度を利用できるでしょうか？

①高額療養費制度
②自立支援医療制度（精神通院医療）
③高額介護サービス費
④身体障害者手帳
⑤精神障害者保健福祉手帳
⑥特定医療費（指定難病）助成制度
⑦特別障害者手当
⑧医療費控除

解答と解説

①高額療養費制度 ☞ p.15

答え ○

Pさん世帯は高額療養費制度により自己負担が軽減される可能性があります！

Pさん夫婦の収入は年間324万円で、医療保険はどちらも後期高齢者医療制度であり、2割負担であることから所得区分は「一般Ⅱ」と考えられ、外来と入院費用について世帯の自己負担上限額が1か月5万7,600円となります（図表2-5）。Pさんの妻は入院医療費を心配していますが、「一般Ⅱ」の場合は、限度額適用認定証の交付を受けることなく、窓口払いが自己負担上限額までの支払いになります。

②自立支援医療制度（精神通院医療）☞ p.38

答え ○

Pさんの認知症外来での医療費にこの制度が利用できます！

Pさんが治療を行っている混合型認知症は、この制度の対象となります（図表2-21）。所得区分は「中間所得2」と想定できますが、重度かつ継続のため、1か月の自己負担限度額は1万円となります（図表2-22）。なお、指定医療機関での通院医療（入院外）のみが対象です。

③高額介護サービス費 ☞ p.21

答え ×

Pさん世帯の介護保険サービスの利用料は自己負担上限額に達していないので利用できません！

Pさんの現時点の介護保険サービスの利用状況は、週に5回の通所リハビリテーションのみなので、高額介護サービス費の自己負担限度額（「市町村民税課税～課税所得380万円（年収約770万円）未満」と勘案）である4万4,000円に達していないため、利用できないと思われます（図表2-12）。しかし、今後長期に介護保険施設に入所することになれば、利用可能となります。

④身体障害者手帳 ☞ p.47

答え ○

Pさんの身体の状態により、身体障害者手帳の認定基準に該当する可能性があります！

Pさんは脳梗塞の後遺症として右上下肢に不全麻痺があり、その状態を支援するために住宅改修や浴室、トイレなどの段差解消と手すりの取り付けを行っています。発症から約3年経過しており、この状態が固定しているようであれば、最も軽く想定しても上肢7級（一上肢機能の軽度の障害）＋下肢7級（一下肢機能の軽度の障害）＝2種6級となる可能性があります（図表2-28）。身体の状態によりさらに高い等級になる可能性もあります（例えば、上肢3級＋下肢4級＝1種2級）。なお、Pさんが身体障害者手帳の申請をするには、肢体不自由の診断書・意見書を作成できる指定医の診察を受けることが必要となります。Pさん世帯は市町村民税課税世帯であり、手帳取得により医療費の助成や税控除などが可能となります（図表2-29, 2-30）。

⑤精神障害者保健福祉手帳 ☞ p.47

答え ○

Pさんの認知症の状態により、精神障害者保健福祉手帳の認定基準に該当する可能性があります！

Pさんは混合型認知症の診断を受けた後、6か月以上治療を継続しており、認知症症状のために相当の介護を要している状態のため、この手帳に該当する可能性があります（図表2-27）。

⑥特定医療費（指定難病）助成制度 ☞ p.41

答え ×

Pさんはこの制度の対象疾病ではありませんので、利用できません！

この制度の対象となる認知症は、65歳以下で発症した前頭側頭葉変性症のみで、Pさんが診断を受けている混合型認知症は、この制度の対象疾病になっていないことから利用することができません（図表2-23）。

⑦特別障害者手当 ☞ p.81

答え ○

P さんは、この制度の認定基準に該当する可能性があります！

P さんの身体障害や精神障害の詳細が不明のため、確定はできませんが、身体障害者手帳の等級が 2 種 6 級だとすると、図表 2-49 の「別表第 2 の障害が 1 つあり、他の障害が 2 つある場合に用いる表」の 7・8 には当てはまらないため（図表 2-28）、認知症で身体障害が伴わない場合で考えます（図表 2-51）。精神障害単一である場合は、日常生活能力の評価で 14 点以上と診断されれば該当する可能性があります。要介護 4 の認定を受けた後も認知症が進行していることから、要介護認定の区分変更申請とともに申請してみるのも一案かと思われます。

⑧医療費控除 ☞ p.91

答え ○

P さん世帯は、年間 10 万円の医療費等の支払いがありますので対象になります！

1 年間（1 月 1 日から 12 月 31 日）に本人またはその生計を同一にする配偶者や扶養親族のために支払った医療費の合計が 10 万円を超えた場合に、所得税控除を受けることができます（図表 2-54）。医療機関で支払った医療費だけではなく、医学的管理の下で受けられる介護保険サービス（医療系サービス）は医療費控除の対象になります。P さんが利用している通所リハビリテーションは医療費控除の対象となり、1 か月 2 万円のため年間で 10 万円を超えています。さらに、妻の医療費も P さんの扶養であれば合算できます。また、おむつにかかる費用も条件によっては、医療費控除に含めることができる場合があります。

ワンポイントアドバイス

P さん世帯のように、預貯金などが十分にあっても先行きが見通せないことから必要な医療や介護保険サービスを過少利用する事例はしばしば見受けられます。今後の支出が既存の制度でどのように軽減できるのかなどについて明示することにより、必要な医療等を受けることに同意が得られる事例は少なくありません。経済支援は経済困窮に対する先行きの不安にも視点を置くことが重要です。

CASE 17

過度の物品購入により借金がかさみ、介護保険サービスの利用料の支払いが困難になっている事例

認知症のある人の基本情報

名前 Qさん　**性別** 女性　**年齢** 61歳

認知症の種類 若年性認知症（前頭側頭型認知症）

要支援・要介護度 要介護2　**家族構成** 1人暮らし

キーワード 借金／収集癖／常同行動

事例の概要

Qさんはデパートで働いていましたが、58歳頃より急にテレビショッピングやネット通販に没頭し始め、収入を上回る購入を続けた結果、借金がどんどん増えていきました。姉が自宅を訪問した際、家の中に開封されていない山積みの品物と請求書や督促状がたまっているのを発見しました。Qさんに事情を聞きましたが、話がかみ合わず、また借金に対して危機感を持っている様子がないことから性格が変わってしまったような違和感を持ちました。その後、姉はQさんを連れて借金返済のために法律相談に行きましたが、対応した弁護士からも落ち着きのなさを指摘され、病院の受診を提案されました。

59歳のときに、姉と一緒に近くの精神科クリニックを受診し、前頭側頭型認知症と診断されました。特に治療法はなく、環境を整えていくように指示されました。その頃、仕事でもトラブルが続いていたため、定年を待たずに早期退職をしました。退職金で借金の返済を行い、姉が定期的に自宅を訪問し、不要な物はクーリングオフの期間で解約や返品ができるように見守りながら生活していました。

61歳（現在）、通信販売等の買い物に対しての行動はなくなりましたが、収集癖があり、外出してはかばんいっぱいに物を拾ってくるようになりました。見かねた姉が地域包括支援センターへ相談し、要介護認定を受けることになりました。その結果「要介護2」と認定されたため、週3回の通所介護（デイサービス）を利用し、1人で外出する機会を減らしていきました。

その後、だんだんと症状が進行し、毎日同じ時間に起き、同じ物を食べ、デイサービスを利用する日ではない日も同じ時間に出かける準備をして待つようになりました。デイサービスの曜日を何度説明しても理解ができず、時刻表的な生活や常同行動が目立つようになりました。精神科クリニックの医師へ相談すると、症状をうまく利用した生活を送ることを助言され、ケアマネジャーからの提案でデイサービスを週7回に増やすことにしました。

金銭管理を行っている姉からケアマネジャーに、「退職金は借金の返済に充てており、現在は収入がないため、デイサービスの利用料の支払いが厳しくなってきた。今後1人暮らしが難しくなったときには施設を考えているため、できる限り節約していきたい」と相談がありました。

Q さんの現在の状況

- Q さんは 59 歳で退職し、その後収入はなく、医療保険は任意継続被保険者であり、資格取得後 1 年 7 か月が経過している。
- 退職までの在職期間は厚生年金に加入していた。退職後は 1 年間国民年金保険料の未納期間がある。
- 身寄りは姉のみだが、経済面への支援は難しい。
- 自宅は賃貸住宅で、家賃は月 4 万円である。
- 既往歴は特になく、診断後も定期受診はしておらず、必要時に受診している。

○×チェック！

現時点において、
Q さんは次の制度を利用できるでしょうか？

①自立支援医療制度（精神通院医療）
②特定医療費（指定難病）助成制度
③精神障害者保健福祉手帳
④傷病手当金（医療保険）
⑤雇用保険の求職者給付（基本手当）
⑥特別障害者手当
⑦障害厚生年金
⑧後期高齢者医療制度

解答と解説

①自立支援医療制度（精神通院医療）☞ p.38

答え ○

認知症は自立支援医療制度（精神通院医療）の対象です！

Qさんが診断を受けた前頭側頭型認知症は、この制度の対象疾患となります（図表2-21）。Qさんは退職後2年近く（1年7か月）経過しており、収入がないことから市町村民税非課税世帯となっていると推測します。そのため、1か月の自己負担限度額は2,500円になると考えられます（図表2-22）。

なお、この制度が利用できるのは指定医療機関のみです。受診をしている精神科クリニックを定期的に受診していないことから、この制度の利用はできますが、医療費があまりかかっていないことから、メリットは小さいと考えます。今後、重度認知症患者デイケアなどを利用するようになれば、医療費の自己負担額が高くなりますので、メリットは大きくなるといえます。

②特定医療費（指定難病）助成制度 ☞ p.41

答え ○

Qさんは特定医療費（指定難病）助成制度を利用できます！

前頭側頭型認知症は、前頭側頭葉変性症に分類され、この制度の対象疾病となります（図表2-23）。自己負担限度額を決める所得区分は「低所得Ⅰ」に該当すると推測します（図表2-25）。この制度の利用により1か月の自己負担限度額は2,500円になると考えられますが、定期的に受診していないことから、この制度のメリットは小さいと考えます。今後入院をすることになれば、医療費がかなり軽減できるといえます。

③精神障害者保健福祉手帳 ☞ p.47

答え ✕

Qさんは継続的な受診を行っていないので、現時点では取得することは難しいと考えます！

Qさんは前頭側頭型認知症と診断された後に、継続的な受診ができていないため、現時点では手帳の取得は困難と思われます。今後、状態観察などのために継続的な受診を6か月以上行うことになれば、Qさんの状態から勘案して取得は可能だと思われます。

④傷病手当金（医療保険）☞ p.68

答え ✕

Qさんは医療保険の傷病手当金の支給を受けることはできません！

Qさんは、在職中は被用者保険に加入していましたが、退職まで勤務を続けていました。退職後も傷病手当金の支給を受けるためには、被用者保険の資格喪失時に傷病手当金を受けているか、または受ける条件を満たしていることが条件となっています。後者の条件とは、3日間の待期期間（仕事を休んで給与を受けていない、あるいは給与より少ない支給となっている）があるということですので、Qさんの場合は該当しません（図表2-39）。

現在、任意継続被保険者ですが、この制度には傷病手当金はありませんので、Qさんは支給を受けることはできません。

⑤雇用保険の求職者給付（基本手当）☞ p.76

答え ✕

Qさんは現時点では雇用保険の求職者給付（基本手当）を受けることはできません！

雇用保険の求職者給付のなかの基本手当は、雇用保険に加入していた被保険者が離職したものの、労働の意思や能力を有しているにもかかわらず職業に就くことができない状態にある場合で離職の日以前2年間において、被保険者期間が通算して12か月以上あったときに受ける給付になります。

基本手当の受給期間は、原則として離職の日の翌日から起算して1年間となっています。疾病等の理由により引き続き30日以上職業に就くことができない場合はその日数を受給期間に加えることができます。ただし、受給期間に加えることのできる日数は最大3年間となっています。この間は受給延長の手続きが可能です。

Qさんの場合、就業が困難なため就業困難者として基本手当の申請を行うことが考えられます。就業困難者の範囲は、身体障害者や知的障害者、精神障害者、保護観察中の者、社会的事情により就職が著しく阻害されている者等となっています。このうち精神障害者とは、精神障害者保健福祉手帳を所持している人、または統合失調症、そううつ病（そう病およびうつ病を含む）、てんかんにかかっている人になります。Q さんは精神障害者保健福祉手帳を所持しておらず、また示されている病名にも該当しませんので申請を行うことが難しそうです。今後、精神障害者保健福祉手帳を取得できる可能性はありますので、ハローワーク（公共職業安定所）へ相談に行き、手続き等に関する説明を受けることが重要です。

⑥特別障害者手当 ☞ p.81

答え ○

Q さんは特別障害者手当の認定基準に該当する可能性があります！

Q さんの認知症の状態は重度であり、この手当の認定基準のひとつである日常生活能力判定表で 14 点以上に該当するかもしれません（図表 2-49, 2-51）。精神科医に相談し、申請を検討してもよいと思われます。

⑦障害厚生年金 ☞ p.72

答え ○

Q さんは障害厚生年金の申請が可能であると思われます！

Q さんが前頭側頭型認知症で初めて受診した日は在職中の 59 歳のときであり、厚生年金の加入期間でした。現在は初診日より 1 年 6 か月を経過しており、認知症が重度になっているため、現時点での申請が可能であり、受給できる可能性があります（図表 2-41, 2-42）。受給後は年金証書をもって精神障害者保健福祉手帳の申請も可能となります。障害年金の等級は精神障害者保健福祉手帳の等級と同じになります（図表 2-43, 2-44）。

⑧後期高齢者医療制度 ☞ p.14

答え ✕

Q さんは後期高齢者医療制度の対象にはなりません！

後期高齢者医療制度は 75 歳以上の人と、65 歳以上 74 歳以下で一定の障害のある人です。Q さんは 61 歳であり、かつ障害者手帳に該当していないため対象となりません。

ワンポイントアドバイス

Qさんの場合、継続した受診が困難であることから、⑦障害厚生年金を申請し、受給決定後に③精神障害者保健福祉手帳を申請して⑤雇用保険の求職者給付の基本手当の申請をする手順が考えられます。
別の方法としては、まず医療保険で利用できる重度認知症患者デイケア（自立支援医療制度の指定医療機関）を利用し、①自立支援医療制度（精神通院医療）により自己負担額の軽減を図り、⑦障害厚生年金を申請します。重度認知症患者デイケアの利用から６か月経過した段階で、③精神障害者保健福祉手帳を申請し、⑤雇用保険の求職者給付の基本手当の申請をする手順も考えられます。後者の方が支出は軽減できるとともに、前頭側頭型認知症の症状に合わせた対応と専門医療スタッフによる観察等が可能ではないかと思われます。

CASE 18

クロイツフェルト・ヤコブ病の発症により進行が早く、受け入れ医療機関の確保に難渋している事例

認知症のある人の基本情報

名前 Rさん　**性別** 女性　**年齢** 70歳

認知症の種類 クロイツフェルト・ヤコブ病

要支援・要介護度 要介護5　**家族構成** 夫（71歳）と2人暮らし

キーワード 老々介護／難病／入院医療

事例の概要

Rさんは60歳代より清掃の仕事をしていましたが、出勤日を間違うなどのミスが続いたため、迷惑をかけると思い、68歳で仕事を辞めました。

69歳のときに、夫より「仕事を辞めた頃よりもの忘れの症状が出てきている。探し物を始めると1時間でも2時間でも探しまわり、落ち着くように言っても耳に入らない状況がある。娘と孫が週1回訪問してくれるが、毎日来ているような話をする」とかかりつけの内科医に相談がありました。そこでMRI検査を行ったところ、海馬に軽度の萎縮があったため、認知症の初期と診断され、抗認知症薬の服用を開始しました。

その後道に迷うようになるなど、急速に認知症の症状が進行したため、再度MRI検査を実施したところ、大学病院の脳神経内科を受診するように言われました。受診後、検査入院を指示されました。入院中も認知機能の低下が急激に進み、病室やトイレの場所がわからず、また他の患者のベッドで寝るなど、見当識障害がありました。精神状態も不安定になったことから、精神科病棟へ転科となり、その後精査を続けた結果、クロイツフェルト・ヤコブ病と診断されました。

Rさんは身の回りのことは自立していたため、夫と娘は自宅への退院を希望しました。要介護認定の申請を行い、「要介護2」の結果が出たため、手すりなどの住宅改修を行い、通所介護（デイサービス）の利用を整え、自宅へ退院しました。

退院後も認知機能や身体機能の低下がみられ、その都度ケアマネジャーがサービスの見直しを行いながら、在宅生活を継続していました。しかし、サービスを利用すれば利用料が高くなることから、夫はこれから先のことが不安になりました。

診断から1年が経過した現在、ほぼ寝たきりに近い状況になり、精神症状も悪化してきたため、自宅での介護は夫にとって大きな負担になってきました。ケアマネジャーは施設入所も視野に入れ、要介護認定の見直し（区分変更申請）を行った結果、「要介護5」となり、介護老人福祉施設（特別養護老人ホーム）の申込を行いました。しかし、入所待ちの間に夫からこれ以上自宅での生活は難しいと訴えがあり、緊急的にショートステイを手配することとなりましたが、経済的に支払いが難しいとの理由で利用を断念しました。夫が主治医へ相談し、精神科病院への入院を勧められましたが、費用が心配で入院を決断できずにいます。

Rさんの現在の状況

- 医療保険は国民健康保険と高齢受給者証である（2割負担）。
- 主たる収入は、Rさんと夫の老齢年金である（Rさん6万6,000円、夫17万4,000円、合計月額24万円）。
- Rさんの自宅は持ち家で、ローンは完済している。
- 市町村民税非課税世帯である。
- 介護サービスの利用料金は1割負担で、1か月3万2,000円である（訪問介護、訪問看護、訪問入浴、福祉用具の貸与等）。

〇✕チェック!

現時点において、
Rさんは次の制度を利用できるでしょうか？

①特定医療費（指定難病）助成制度
②自立支援医療制度（精神通院医療）
③高額療養費制度
④高額介護サービス費
⑤身体障害者手帳
⑥精神障害者保健福祉手帳
⑦特別障害者手当
⑧障害基礎年金

解答と解説

①特定医療費（指定難病）助成制度 ☞ p.41

答え ○

Rさんは特定医療費（指定難病）助成制度を利用することができます！

クロイツフェルト・ヤコブ病はプリオン病としてこの制度の対象疾病となります（図表2-23）。Rさんの場合、自己負担割合は2割と変わりませんが、「低所得Ⅰ」に該当するため自己負担上限額が2,500円となり、かなり軽減されます（図表2-25）。

今後入院医療に移行した場合、③の限度額適用・標準負担額減額認定証があれば入院時食事療養費も軽減され（図表2-4）、精神科病院（この制度の指定医療機関）への入院となった場合、医療費の負担はかなり軽減されます。

②自立支援医療制度（精神通院医療） ☞ p.38

答え ○

Rさんは自立支援医療制度（精神通院医療）の対象となると考えられます！

Rさんはクロイツフェルト・ヤコブ病により認知症を発症しているため、この制度の対象となります（図表2-21）。通院医療費（入院外）は1割負担になり、自己負担上限額は2,500円になります（図表2-22）。

市町村民税非課税世帯のため、特定医療費（指定難病）助成制度の場合と自己負担上限額が同額になりますが、自立支援医療制度（精神通院医療）は通院医療（入院外）費のみとなるのに対して、特定医療費（指定難病）助成制度は入院医療費も対象になるため、後者の方がメリットは大きいといえます。

③高額療養費制度 ☞ p.15

答え ○

高額療養費制度の対象となりますが、特に手続きは必要ありません！

Rさんは「市町村民税非課税世帯区分Ⅱ」となり、1か月の自己負担上限額は外来8,000円となりますが、前述した①特定医療費（指定難病）助成制度を併用して利用できるため、自己負担上限額は2,500円となりますので、特に手続きは必要ありません（図表 2-5）。

ただし、今後入院した場合は、「限度額適用・標準負担額減額認定証」があれば、入院時食事療養費が 1 食 230 円に減額されるため、手続きすることをお勧めします（図表 2-4）。

④高額介護サービス費 ☞ p.21

答え ○

R さんは、介護保険サービスの利用料が自己負担上限額を超えているので、申請可能です！

R さん世帯の年金収入は夫婦合わせて 288 万円ありますが、年金収入だけで 1 級地に暮らしている 65 歳以上の夫婦 2 人だけの世帯の場合、世帯主は 211 万円以下、配偶者は 155 万円以下の世帯は市町村民税非課税世帯になります。R さん世帯の場合、夫の収入（17 万 4,000 円× 12（月）＝ 208 万 8,000 円）は 211 万円以下、R さん（6 万 6,000 円× 12（月）＝ 79 万 2,000 円）は 155 万円以下となり、「世帯全員が市町村民税非課税」に相当します。

また、R さん（80 万円以下）のみが介護サービスを利用しているため、個人適用となり、高額介護サービス費の自己負担上限額は月額 1 万 5,000 円になります（図表 2-12）。現在の R さんの介護サービス費用は月に 3 万 2,000 円となっていますので、この制度を申請することにより、1 万 7,000 円の還付を受けることができます。

⑤身体障害者手帳 ☞ p.47

答え ○

R さんは身体障害者手帳の認定基準に該当する可能性が高いです！

R さんは、クロイツフェルト・ヤコブ病の発症から 1 年以上が経過しており、現在ほぼ寝たきりに近い状態であることから身体障害者手帳の認定基準に該当する可能性が高いと考えられます（図表 2-28）。なお、申請にあたっては肢体不自由の診断書・意見書を書くことができる指定医の診察を受けることが必要です。

⑥精神障害者保健福祉手帳 ☞ p.47

答え ○

Rさんは精神障害者保健福祉手帳の認定基準に該当する可能性が高いと考えます！

Rさんはクロイツフェルト・ヤコブ病の悪化により、精神症状が悪化してきており、6か月以上継続した治療を受けていることから、精神障害者保健福祉手帳の認定基準に該当すると考えられます（図表2-27）。

⑦特別障害者手当 ☞ p.81

答え ○

Rさんは特別障害者手当の認定基準に該当する可能性が高いと考えます！

Rさんの状態は身体障害と精神障害いずれも重度であると考えられ、精神障害単一でも身体障害との併合でもこの手当の認定基準に該当する可能性が高いと考えられます（図表2-49, 2-50, 2-51）。所得制限にもかからないと思われます。この手当の受給により、Rさんの夫の心配はかなり緩和されるでしょう。

なお、この手当は施設入所したり、医療機関への3か月を超えての入院となった場合は支給されなくなります。

⑧障害基礎年金 ☞ p.71

答え ×

Rさんは障害基礎年金の請求要件に該当しないため、利用できません！

障害年金は、申請するに至った疾病の初診日（認知症を疑って医療機関を受診した日）に年金に加入しており、障害認定日（治癒または症状固定など）の状態等の条件を満たすことにより支給される、障害を事由とした年金です（図表2-41）。障害基礎年金の請求は65歳（誕生日の2日前）までに行うことが原則となっており、例外として初診日が65歳の誕生日の2日前までにあること、障害認定日において障害等級に該当していること、保険料納付要件を満たしていることの条件が満たされれば請求することが可能となっています（図表2-42）。しかし、Rさんの場合は例外にも該当しないため、障害基礎年金の対象とはなりません。

ワンポイントアドバイス

Rさんの場合、特定医療費（指定難病）助成制度と限度額適用・標準負担額減額認定証により、入院も含めて医療費が軽減されます。まずはこの２つの制度の申請が必要と考えます。併せて特別障害者手当の申請により収入増を図ることになります。身体障害者手帳と精神障害者保健福祉手帳はその次に手続きを進めるとよいと思います。
介護老人福祉施設に入所した場合は、高額介護サービス費を利用すると自己負担上限額（Rさんの場合、「世帯全員が市町村民税非課税」のため１か月１万5,000円）を超えた額が申請により払い戻しされます。

CASE 19

アルツハイマー型認知症の進行に伴い老々介護に直面し、在宅生活が困難となった事例

認知症のある人の基本情報

名前 S さん　**性別** 女性　**年齢** 90 歳

認知症の種類 アルツハイマー型認知症

要支援・要介護度 要介護 4　**家族構成** 夫（93 歳）との 2 人暮らし

キーワード 認知症重度／老々介護／施設入所

事例の概要

S さんは 80 歳のときに、日付の感覚が曖昧になり、予定の管理ができなくなりました。また、買い物に行くと同じ物ばかりを買うようになり、通帳や印鑑などの大事な物をなくすことが増えました。そして、娘が盗ったと言うようになったため、心配した夫が S さんを連れてかかりつけ医を受診したところ、アルツハイマー型認知症の初期であると診断されました。医師から進行予防のために、通所介護（デイサービス）等の利用を勧められましたが、S さん自身の拒否が強く、介護保険サービスを利用することなく、夫の手助けにより生活を維持していました。また、かかりつけ医にも治療のための定期的な受診はしませんでした。

その後、徐々に認知症が進行し、感情が不安定になり、夫に対して「出ていけ！」などの言葉を発するようになり、着替えの順序やトイレの場所もわからなくなり、生活のあらゆる場面において声かけが必要になってきました。

夫は対応に困り、娘が調べた地域包括支援センターに電話をかけて現状を伝えました。後日、地域包括支援センターの保健師が自宅を訪問して本人の様子を確認し、要介護認定の申請を行ってくれました。「要介護 3」の結果が出たので、夫の介護負担軽減のために、デイサービスの利用を開始しました。

デイサービスに行くのを嫌がる日もありましたが、スタッフが上手に誘導し、週に 3 回なんとか通うことができていました。その後、要介護認定の更新時期となり、「要介護 4」となり、デイサービスは週 5 日に増やしました。

現在、怒ることは減ってきましたが、認知症の進行は著しく、食べ物の認識ができず、食事介助が必要となりました。失禁も増え、常時おむつを着用しています。歩行はできるものの、日常生活において全面的に介護が必要な状況となり、娘が泊まり込みで世話をする日も多くなってきました。娘のことを「お母さん」と呼ぶこともあります。

夫も90歳を超え体力的にも限界となり、施設入所を検討しました。介護老人福祉施設の申し込みをしているものの、順番が回ってこないため、Sさんは自宅近くのサービス付き高齢者住宅に入所することになり、介護保険制度を活用しながら生活しています。

しかし夫婦2人の年金だけでは、サービス付き高齢者住宅と夫の自宅での生活の費用をまかなうことは厳しく、貯金を取り崩しながらの生活となっており、先行きに不安を感じています。

Sさんの現在の状況

- Sさん世帯の収入は老齢年金のみで、2人で月額20万円（Sさん：老齢基礎年金5万円、夫：老齢厚生年金＋老齢基礎年金15万円）である。
- 市町村民税非課税世帯である。
- サービス付き高齢者住宅の利用料金は14万円である。
- Sさんの夫が預貯金として30万円を所持している。
- Sさんと夫の医療保険は後期高齢者医療制度（自己負担1割）であり、医療保険・介護保険料の滞納はない。
- 娘が近くに居住しているが、経済的な支援は難しい。
- 介護サービスの利用料は1か月2万5,000円である。

○×チェック！

現時点において、
Sさんは次の制度を利用できるでしょうか？

①自立支援医療制度（精神通院医療）
②特定医療費（指定難病）助成制度
③精神障害者保健福祉手帳
④高額介護サービス費
⑤特別障害者手当
⑥介護保険負担限度額認定
⑦境界層該当（介護保険制度）
⑧生活保護制度

解答と解説

①自立支援医療制度（精神通院医療）☞ p.38

答え ✕

継続的に受診していないので、自立支援医療制度（精神通院医療）を利用することはできません！

アルツハイマー型認知症は、自立支援医療制度（精神通院医療）の対象疾患となっていますが（図表 2-21）、S さんはその後継続的に受診をしていないため、利用することができません。受診を継続し、その医療機関が指定医療機関であれば通院医療（入院外）費がこの制度の利用で軽減されます。所得区分は「低所得 1」で「重度かつ継続」となることから、1 か月の自己負担上限額は 2,500 円となります（図表 2-22）。

②特定医療費（指定難病）助成制度 ☞ p.41

答え ✕

アルツハイマー型認知症は特定医療費（指定難病）助成制度の対象外です！

S さんが診断された病名はアルツハイマー型認知症であり、特定医療費（指定難病）助成制度の対象疾病ではないため、利用することはできません。

③精神障害者保健福祉手帳 ☞ p.47

答え ✕

継続的に受診していないので、精神障害者保健福祉手帳を取得することは現時点では難しそうです！

精神障害者保健福祉手帳は、精神疾患の診断を受けた日から 6 か月以上治療を経過したときの状態（日常生活や社会生活への支障の程度）が認定基準に該当している場合に交付されます。S さんは、アルツハイマー型認知症の診断を受けた日からの受診は介護保険の要介護認定のための受診のみと考えられ、継続的な受診をしていないことからこの手帳を取得することは難しいのではないかと思われます。

④高額介護サービス費 ☞ p.21

答え ○

一定の自己負担額を超えているので、超えた分が払い戻しされます！

Sさんの介護保険にかかる自己負担額は2万5,000円です。高額介護サービス費の段階は「世帯全員が市町村民税非課税」と想定できますので、上限額は2万4,600円となり、超えた分が払い戻しされます（図表2-12）。

⑤特別障害者手当 ☞ p.81

答え ○

Sさんの障害は著しく重度のため、特別障害者手当を受給できる可能性が高いです！

Sさんは、日常生活において全面的に介護が必要な状況になっており、精神障害単一での認定基準に該当する可能性が高く、所得制限にもかからないことから受給できる可能性は高いと考えられます（図表2-49, 2-51）。

なお、特別障害者手当は、施設入所や3か月を超えて医療機関に入院する場合は対象外となりますが、サービス付き高齢者住宅は自宅とみなされるため対象となります。

⑥介護保険負担限度額認定 ☞ p.22

答え ×

介護老人福祉施設へ入所した際に利用を検討できます！

介護保険負担限度額認定は、介護保険施設（介護老人福祉施設や介護老人保健施設、介護医療院）への入所や短期入所の際の食費と居住費が減額になる制度です。市町村民税非課税世帯の人などが対象になります。

Sさんの場合、自己負担限度額の段階を第3段階②と仮定すると、介護老人福祉施設の場合食費は1日1,360円、多床室の居住費は1日370円となります（図表2-14）。

⑦境界層該当（介護保険制度）☞ p.56

答え ×

S さんはこの制度には該当しないと思われます！

境界層該当は、「介護保険法」で定める利用者の自己負担額を支払うことにより生活保護基準に該当する場合、それらの負担額の引き下げ等を行うことによって生活保護制度を必要としない状態の保持を図ることを目的とした制度です（図表 2-33）。S さんの場合、介護保険サービスの利用料を支払っても預貯金が 500 万円あり、生活保護制度を必要とする状態にはならないため、非該当となると思われます。

⑧生活保護制度 ☞ p.53

答え ×

S さんは生活保護制度の対象にはならないと思われます！

S さん世帯には預貯金が 30 万円あるなど、活用可能な資産があることから、生活保護制度の対象にはならないと思われます。

現時点では、制度の対象外ですが、今後の介護サービス利用費の支払いにより、預貯金が少なくなり、生活保護制度の対象になる可能性が生じてくると考えられます。

ワンポイントアドバイス

S さんの場合、特別障害者手当の受給を可能にすることで、経済負担が軽減されると思われます。介護老人福祉施設へ入所した場合は、3 か月を超えると支給されなくなりますので、入所の際には、介護保険負担限度額認定を利用するとよいと考えます。

CASE 20

息子の介護休業終了後の介護やサービス利用料の負担に不安を抱える事例

認知症のある人の基本情報

名前 T さん　**性別** 女性　**年齢** 74 歳

認知症の種類 アルツハイマー型認知症

要支援・要介護度 要介護 5　**家族構成** 1 人暮らし

キーワード もの忘れ／物盗られ妄想／介護休業終了後の介護

事例の概要

T さんは 70 歳のときに年金が振り込まれる通帳の置き場所を忘れることがあり、その後も年金の支給月になるたびに通帳を探すようになりました。このようなことがたびたび起こったため、近隣に住んでいる息子（当時 40 歳、現在 44 歳）が管理することにし、年金の支給日に T さんに手渡すようにしました。それ以後は、通帳を探すことはなくなりました。

しかしある日、息子が T さんの様子を見に訪問すると、屋内は衣服などが散乱しており、T さんは息子の顔を見るなり、「泥棒が入った。私の通帳がない。警察に言わないといけない！」と大声で訴えました。息子は自分が管理しているから大丈夫だと説明すると、「なぜお前が私の通帳を持っているのか？」「お前が隠していたのか？」と息子を責め立てました。何とかなだめてその場は落ち着いたものの、あまりの変貌に息子は今後が心配になりました。

息子は先行きの不安から、T さんが毎年健康診断で受診しているかかりつけ医に本人を連れていき、医師に一連の出来事を伝えて、どのようにしたらよいか相談をしました。その結果、医師から認知症の疑いがあると説明があり、A 病院で認知症の専門医の診察を受けるように勧められました。A 病院では、アルツハイマー型認知症であると診断されました。抗認知症薬などが処方されることになり、定期的に受診をしながら在宅生活を続けることとなりました。

その後、認知症は徐々に進行し、1 年後には物盗られ妄想がたびたびみられるようになりました。そして、外出したまま自宅の場所がわからなくなり、帰ってこられなくなることが起こるようになり、警察のお世話になることもありました。そのような状態に危機感を持った息子は、広報誌に掲載されていた地域包括支援センターへ相談に行くことにしました。

センターでは、まずは要介護認定を受けるよう助言され、申請を行うことにしました。結果は「要介護 4」でした。息子は、地域包括支援センターで紹介された近くの居宅介護支援事業所と契約を交わし、当面は通所介護サービスを週 3 回利用して様子をみることにしました。T さんは当初、サービスの利用を躊躇していましたが、次第に順応していきました。しかし、介護サービスの利用の甲斐なく、認知症は次第に進行していきました。

3 年後（現在）、T さんは息子が常に傍にいなければならない状態（食事、排せつ、衣服の着脱などすべて要介助）となり、「要介護 5」になりました。認知症の症状が進行したため、現在は認知症専門病院（B 病院）に転医し、併設の重度認知症患者デイケアを週 5 回利用しています。息子は介護休業を取得していますが､介護休業が終了した後の T さんの介護をどのようにすべきか心配しており、また今後介護が続けばさまざまなサービスを利用しなければならず、経済的にも不安を抱えています。

T さんの現在の状況

- T さんの収入は老齢基礎年金であり、1 か月で約 6 万 5,000 円である。管理は息子が行っており、生活費が足りないときは息子が支出している（T さんを扶養はしていない）。
- T さんは自分の葬式代として約 200 万円の貯金をしている。
- T さんの医療保険は国民健康保険証と高齢受給者証（2 割）であり、市町村民税非課税世帯である。国民健康保険の保険料の滞納はない。
- T さんの自宅は持ち家であり、ローンは完済している。
- 息子は独身者で、会社員をしている。
- 介護サービスは、重度認知症患者デイケアを週 5 回利用しており、今後は週末に介護医療院の短期入所療養介護を利用したいと考えているが、利用料が高額になることから躊躇している。
- 経済的な支援が可能な親族は息子のみである。

○×チェック！

現時点において、
Tさんは次の制度を利用できるでしょうか？

①高額療養費制度
②自立支援医療制度（精神通院医療）
③特定医療費（指定難病）助成制度
④精神障害者保健福祉手帳
⑤後期高齢者医療制度
⑥障害基礎年金
⑦特別障害者手当
⑧生活保護制度

解答と解説

①高額療養費制度 ☞ p.15

答え ○

自己負担上限額 8,000 円を超えた額が支払われます！

Tさんの場合、収入は年金 78 万円のみのため、「市町村民税非課税世帯区分Ⅰ」となり、1か月の自己負担上限額は外来 8,000 円となります（図表 2-5）。外来受診した際には、2割負担で1万 8,000 円までの一部負担金を支払った後に申請を行い、約3か月後に 8,000 円を超えた額が支給されます。B病院のみを受診しているため、事前に「限度額適用・標準負担額減額認定症」を取得し、医療機関等へ提示することによって、一部負担金が自己負担上限額の 8,000 円までとなります。医療機関での窓口支払いを軽減するためには、「限度額適用・標準負担額減額認定証」の利用をお勧めします。

②自立支援医療制度（精神通院医療）☞ p.38

答え ○

Tさんの医療費は2割負担が1割負担になり、負担上限額にもなります！

アルツハイマー型認知症は、この制度の対象となります（図表 2-21）。Tさんの医療保険は国民健康保険証と高齢受給者証であり、2割負担となっています（図表 2-3）。Tさんは①のとおり、限度額適用・標準負担額減額認定証の交付を受けることにより、B病院の1か月の窓口払いの負担上限月額は 8,000 円となります（図表 2-5）。重度認知症患者デイケアの診療報酬点数は1日 1,040 点（利用開始から 1 年間は 50 点が加算される）と高額であるため、自立支援医療制度（精神通院医療）が適用されれば 2 割負担が 1 割負担に、さらに T さんの収入状況であれば負担上限月額は 2,500 円となり、経済負担はかなり軽減されます（図表 2-22）。なお、この制度が利用できるのは自立支援医療制度（精神通院医療）指定医療機関のみとなります。

③特定医療費（指定難病）助成制度 ☞ p.41

答え ✕

アルツハイマー型認知症は対象ではありません！

認知症で特定医療費（指定難病）助成制度に該当するのは、65 歳以下で発症した前頭側頭葉変性症のみですので、T さんの場合は利用できません。

④精神障害者保健福祉手帳 ☞ p.47

答え ○

T さんは利用できる可能性が高いです！

この手帳は、初診日から 6 か月を経過した後、診断書によって判定されます。T さんの場合、診断より 6 か月以上経過しており、状態像から疾患の状態や能力障害は高度または中等度以上と考えられますので、1 級または 2 級相当になる可能性がありそうです（図表 2-27）。ただし、認知症のある人のなかには精神障害に対して抵抗を持つ人も少なからずいるため、この手帳を取得することでどのようなメリットがあるかを理解の程度に合わせて説明することが求められます。なお、この手帳の有効期間は 2 年ですので、引き続き利用を希望する場合は更新申請が必要です。

⑤後期高齢者医療制度 ☞ p.14

答え ✕

T さんは現時点では利用できません！

後期高齢者医療制度は 75 歳以上の人のほか、65 歳以上 74 歳以下の人で一定の障害のある人も対象となります。精神障害者保健福祉手帳の等級の場合は 1 級と 2 級が該当となり、手帳を申請して取得した後に申請を行うと後期高齢者医療制度の資格を取得することができるようになります。そのため、現時点では利用はできません。

しかし、後期高齢者医療制度の資格を取得できた場合でも、Tさんの収入状況から考えると、②の自立支援医療制度（精神通院医療）の申請も行えば、負担上限月額は後期高齢者医療制度のみの場合よりも負担が軽減されます。ただし、自立支援医療制度（精神通院医療）は外来の精神疾患の治療のみが適用されますが、後期高齢者医療制度はすべての保険診療に対して利用できます。高齢者の場合、認知症以外の疾患を持つ人が少なくないため、この制度の該当になる場合は検討を積極的に行うべきであるといえます。なお、保険資格の種類の変更に伴う保険料の増減について、申請前に市区町村に尋ね、後期高齢者医療制度の申請のメリットとデメリットを確認しておくことも重要です。

⑥障害基礎年金 ☞ p.71

答え ✕

Tさんは障害基礎年金の請求要件に該当しないため、利用できません！

障害年金は、申請するに至った疾病の初診日（アルツハイマー型認知症を疑って医療機関を受診した日）に年金に加入しており、障害認定日（治癒または症状固定など）の状態等の条件を満たすことにより支給される、障害を事由とした年金です。障害基礎年金の請求は65歳（誕生日の2日前）までに行うことが原則となっており、例外として初診日が65歳の誕生日の2日前までにあること、障害認定日において障害等級に該当していること、保険料納付要件を満たしていることの条件が満たされれば請求することが可能となっています（図表2-41）。しかし、Tさんの場合は例外にも該当しないため、障害基礎年金の対象とはなりません。

⑦特別障害者手当 ☞ p.81

答え ○

Tさんは認知症の程度や収入状況から勘案すると利用できる可能性は高いです！

この手当は、精神または身体に著しく重度の障害があり、日常生活に常時特別な介護を要する在宅の20歳以上の人が対象となります。精神障害単一による認定は、日常生活能力の評価で14点以上（8項目に対して0点（例：ひとりでできる）～2点（例:できない））となることが必要です（この評価は医師が行います）（図

表 2-49, 2-51)。

Tさんの場合、食事、排せつ、衣服の着脱などすべて介助を要する状態であることから、この基準を満たしている可能性は高いと思われます。また手当の支給に対して所得制限がありますが、Tさんの経済状況であればその制限にはかからないと思われます。

この手当は月額2万8,840円（2024（令和6）年4月より適用）であり、通院費や介護サービスの利用料をまかなうことも可能となりそうです。なお、この手当は病院または診療所に継続して3か月を超えて入院するなどの場合は支給停止になります。

⑧生活保護制度 ☞ p.53

答え ✕

Tさんは貯蓄があり、息子の援助も受けられるため利用できません！

Tさんの年金収入は、生活保護制度の基準を下回っていますが、貯金が約200万円あり、息子さんからの援助も受けられる状況ですので、現状での生活保護制度の適用は困難といえます。しかし、今後息子が介護に従事するために離職する、あるいは貯蓄が少なくなれば、親族等による経済支援が見込めないことも勘案すると、生活保護制度の対象となる可能性は高くなると考えられます。

ワンポイントアドバイス

各制度の申請時期を時系列に並べ替えると、アルツハイマー型認知症と診断されて医療費が発生する際に、まず①限度額適用・標準負担額減額認定証と②自立支援医療制度（精神通院医療）を申請します。そして、治療を継続して6か月経過した時点で④精神障害者保健福祉手帳を申請し、2級以上の認定となれば⑤後期高齢者医療制度を申請します。さらに、日常生活能力の程度により⑦特別障害者手当を申請することとなります。

あとがき

本書では、認知症のある人の経済的支援に有用な社会保障制度の一部を紹介しました。今日までにわが国では、認知症のある人が抱える経済問題を軽減・解決するための社会保障制度の整備が進められています。しかし第2章、第3章からわかるように、医療・介護サービスの利用等に伴う支出の増加と収入の減少による経済負担を軽減するためには、一つひとつの事例のアセスメントを丁寧に行い、縦割りに定められている社会保障制度を横断的に、かつ法制度の優先順位に則って活用しなければなりません。つまりは、個別性に応じたオーダーメイドの支援が必要であるため、その活用は大変複雑です。私自身、本書の執筆を終えて改めて社会保障制度の活用の難しさを感じています。

しかし、認知症のある人やその家族が住み慣れた地域で安心して生活をおくるためには、必要な医療・介護サービスを持続的に利用できるための安定した経済基盤の確保が不可欠です。そしてそのためには、その人たちが本書で紹介した社会保障制度等を当たり前に利用することができる社会の実現が必要です。社会保障制度は、それ自体が制度化し、充実するだけでは意味がありません。その渦中にいる認知症のある人や家族が自らの経済問題に対して、何らかの手立てがあることに気づくこと、周囲の支援者（専門職）が経済問題に気づき、社会保障制度の十全な利用につなげることができて、初めて意味をもちます。

認知症のある人やその家族に対するこれまでの支援の経験を盲信するのではなく、ニーズに見落としはないか、さらに何かできること、解決策はないか等という多面的（批判的）な視点で経済的支援に取り組んでいただきたいと思います。繰り返しになりますが、本書は各社会保障制度の概要やその活用方法に関する一部の記述に留まっていますので、他の資料や専門機関等への相談を通して、より経済問題の軽減・解決に向けた実践にいかしていただければと思います。

最後に、本書が認知症のある人やその家族、その人たちを支援する専門職の方々が現場で目の当たりにしている経済問題の解決に向けた一助になることを切に祈っています。

編著者代表　杉山　京

索引

あ

アルツハイマー型認知症……81, 84, 104, 116, 122, 128, 134, 152, 169, 182, 204, 209
育児休業給付……76
遺族基礎年金……85, 90
遺族厚生年金……75
遺族年金……87
遺族年金生活者支援給付金……**88**, 90
医療費控除……**91**, 191
医療保険制度……**13**
うつ病……104

か

介護休業……80
介護休業給付……77
介護給付……21, 26, 29, 30, 32, 65
介護保険制度……**20**
介護保険負担限度額認定……22, 28, 207
介護離職……9, 76, **92**
級地制度……53
協会けんぽ……17
境界層該当（介護保険制度）……**56**, 109, 115, 120, 148, 186, 208
境界層該当証明書……56
共済組合……17
共生社会の実現を推進するための認知症基本法……4
組合管掌健康保険……17
クロイツフェルト・ヤコブ病……198
訓練等給付……**29**, 30, 32
経済問題……5
軽度認知障害……116, 145
血管性認知症……48, 49, 51, 75, 81, 84, 98, 175
限度額適用認定証……**16**, 19, 112, 165
限度額適用・標準負担額減額認定証……**16**, 19, 201
高額医療・高額介護合算制度……**22**, 28, 106, 113, 126, 148, 161, 165
高額介護サービス費……**21**, 27, 58, 112, 126, 131, 142, 147, 161, 167, 185, 189, 201, 207
高額障害福祉サービス等給付費……**31**, 138
高額療養費……19
高額療養費貸付制度……**16**
高額療養費制度……**15**, 22, 100, 112, 124, 132, 142, 147, 154, 165, 189, 200, 211
後期高齢者医療制度……**14**, 17, 130, 136, 147, 160, 196, 212
高齢受給者証……**14**
国民健康保険……**13**, 17, 69
国民年金保険料……85, 87, 119
雇用保険……**76**, 79, 137, 195

さ

最低生活費……**53**, 55, 56
失業等給付……**76**, 79
指定難病……43
社会福祉法人等による生計困難者等に対する介護保険サービスに係る利用者負担額軽減制度……102, 121, 127, 149, 179, 185
社会福祉法人等による生計困難者等に対する介護保険サービスに係る利用者負担額軽減制度事業……**62**, 64
社会福祉法人等利用者負担軽減確認証……63
若年性認知症……**3**, 5, 20, 85, 88, 116, 134, 152, 169, 192
障害基礎年金……14, **71**, 74, 75, 85, 87, 90, 102, 108, 119, 125, 131, 155, 160, 171, 184, 202, 213
障害厚生年金……**72**, 74, 75, 137, 196
障害者控除……52
障害者ホームヘルプサービス利用者に対する支援措置事業……**60**, 61, 179
障害手当金……**72**, 75

障害認定日……71, **72**, 74, 102
障害年金……**71**, 73, 75, 85
障害年金生活者支援給付金……**88**, 90
障害福祉サービス……**29**, 32, 33, 65, 66, 172
障害福祉サービス利用者……175
傷病手当……77, 79
傷病手当金（医療保険）……**68**, 100, 137, 173, 195
自立支援医療受給者証（精神通院医療）……29
自立支援医療制度（精神通院医療）……**38**, 40, 101, 106, 114, 118, 125, 130, 136, 142, 154, 159, 166, 173, 177, 184, 189, 194, 200, 206, 211
新高額障害福祉サービス等給付費……**31**, 33, 173, 179
申請免除……**85**
身体障害者手帳……14, 29, **47**, 49, 51, 52, 84, 91, 101, 114, 124, 144, 155, 167, 190, 201
生活保護受給者証……54
生活保護制度……**53**, 55, 102, 120, 143, 156, 177, 186, 208, 214
精神疾患……**38**, 40, 47, 49, 50
精神障害者保健福祉手帳……14, 29, 39, **47**, 49, 50, 52, 78, 91, 101, 107, 118, 138, 144, 155, 161, 167, 171, 178, 190, 194, 202, 206, 212
全国健康保険協会管掌健康保険……17
前頭側頭型認知症……43, 157, 192

た

通所リハビリテーション……26
同居特別障害者……52
特定医療費（指定難病）助成制度……29, **41**, 46, 107, 113, 130, 136, 141, 155, 159, 166, 190, 194, 200, 206, 212
特定疾病……**20**, 25, 35, 60, 65
特定疾病療養受療制度……132
特発性正常圧水頭症……140
特別児童扶養手当等の支給に関する法律施行令……83
特別障害者……52
特別障害者手当……**81**, 108, 114, 120, 133, 149, 156, 166, 174, 178, 185, 191, 196, 202, 207, 213
特別訪問看護……**34**, 127
特別訪問看護指示書……123
特掲診療料の施設基準等……34

な

入院時食事療養費……14, **15**, 17, 18
入院時生活療養費……14, **15**, 17, 18
認知症施策……4
年金生活者支援給付金……90
年金生活者支援給付金制度……**88**, 126, 143, 149, 174, 178, 184

は

被用者保険……**13**, 17, 69
併給調整……**73**, 75
法定免除……**85**, 87
訪問介護等利用者負担額減額認定証……61
訪問看護……26, 39, 41, 46
訪問リハビリテーション……26, 46
補足的老齢年金生活者支援給付金……88, 90

や

要介護認定……**20**, 25, 26
予防給付……**21**, 26

ら

療育手帳……14, 29, **47**, 49, 52, 91
レビー小体型認知症……110, 163
老齢基礎年金……**73**, 75, 85, 87, 90
老齢厚生年金……75
老齢年金生活者支援給付金……88, 90

アルファベット

GAF（機能の全体的評定）尺度……36
MCI……116, 145

編著者紹介・執筆分担

竹本　与志人（たけもと・よしひと）

岡山県立大学保健福祉学部教授
大阪公立大学客員教授

第 1 章、第 2 章第 1 節 3、第 2 節 6,7、第 3 節 4,5、第 3 章

大阪市立大学大学院生活科学研究科 後期博士課程 生活科学専攻修了 博士（生活科学）。社会福祉士、精神保健福祉士、介護支援専門員、専門社会調査士。
在宅医療、緩和医療、救急医療、精神科医療等を行う医療機関にソーシャルワーカーとして 20 年間従事、この間居宅介護支援事業所の管理者と介護支援専門員、認知症疾患医療センターの前身である老人性認知症センターのソーシャルワーカーを兼務。2008 年に岡山県立大学保健福祉学部准教授、2017 年に日本学術会議連携会員、2018 年より岡山県立大学保健福祉学部教授、2023 年より大阪公立大学客員教授を兼務。

杉山　京（すぎやま・けい）

大阪公立大学大学院生活科学研究科講師

第 2 章第 1 節 1,2、第 2 節 4,5、第 3 節 5,6,7、第 3 章

岡山県立大学大学院保健福祉学研究科 博士後期課程 保健福祉科学専攻修了 博士（保健福祉学）。社会福祉士。
認知症のある人の鑑別診断前後の支援の重要性に着目し、当事者や家族、地域包括支援センター専門職等を対象とした研究等を約 10 年間、現在まで継続的に実施。2015 年に日本学術振興会特別研究員（DC1）、2018 年に日本福祉大学福祉経営学部助教を経て、2022 年より大阪公立大学大学院生活科学研究科講師。

木村　亜紀子（きむら・あきこ）

兵庫医科大学病院医療社会福祉部
認知症疾患医療センターソーシャルワーカー

第 2 章第 2 節 1,2,3、第 3 節 1,2,3、第 3 章

岡山県立大学大学院保健福祉学研究科 博士前期課程 保健福祉学専攻修了 修士（保健福祉学）。社会福祉士、精神保健福祉士、介護支援専門員、認定医療ソーシャルワーカー。
地域に根ざした医療機関でのソーシャルワーカーを経て、2006 年より兵庫医科大学病院医療社会福祉部に所属。救命救急センターや移植医療、HIV などのあらゆる分野に携わり、2018 年からは認知症疾患医療センターの専従相談員として従事。

認知症のある人への
経済支援まるわかりガイドブック

2024 年 7 月 7 日　発行

編著者	竹本与志人・杉山 京・木村亜紀子
発行者	荘村明彦
発行所	中央法規出版株式会社 〒 110-0016 東京都台東区台東 3-29-1　中央法規ビル TEL 03-6387-3196 https://www.chuohoki.co.jp/

装幀・本文デザイン	加藤愛子（オフィスキントン）
印刷・製本	株式会社アルキャスト

定価はカバーに表示してあります。
ISBN978-4-8243-0080-5

A080